珍藏本
纪念版

汉译世界学术名著丛书

论世界帝国

〔意〕但丁 著

朱虹 译

2017年·北京

Dante Alighieri
ON WORLD GOVERNMENT
(DE MONARCHIA)
The Bobbs-Merrill Company, Inc., New York, 1957.
据纽约鲍勃斯-梅里尔公司 1957 年版译出

但　　丁

（十五世纪佚名艺术家的雕像）

汉译世界学术名著丛书
（120年纪念版·珍藏本）
出版说明

2017年2月11日，商务印书馆迎来120岁的生日。120年前，商务印书馆前贤怀揣文化救国的理想，抱持"昌明教育，开启民智"的使命，立足本土，放眼寰宇，以出版为津梁，沟通中西，为中国、为世界提供最富智慧的思想文化成果。无论世事白云苍狗，潮流左右激荡，甚至战火硝烟弥漫，始终践行学术报国之志，无改初心。

迻译世界各国学术名著，即其一端。早在20世纪初年便出版《原富》《天演论》等影响至今的代表性著作，1950年代后更致力于外国哲学和社会科学经典的译介，及至1980年代，辑为"汉译世界学术名著丛书"，汇涓为流，蔚为大观。丛书自1981年开始出版，历时三十余年，迄今已推出七百种，是我国现代出版史上规模最大、最为重要的学术翻译工程。

丛书所选之书，立场观点不囿于一派，学科领域不限于一门，皆为文明开启以来，各时代、各国家、各民族的思想与文化精粹，代表着人类已经到达过的精神境界。丛书系统译介世界学术经典，引领时代思想，为本土原创学术的发展提供丰富的文化滋养，为推动中国现代学术和现代化进程做出了突出的贡献。

为纪念商务印书馆成立120周年，我们整体推出“汉译世界学术名著丛书”120年纪念版的珍藏本，寄望既利于文化积累，又便于研读查考，同时向长期支持丛书出版的译者、编者和读者致以敬意。

两甲子后的今天，商务印书馆又站在了一个新的历史时间节点上。我们不仅要铭记先辈的身影和足迹，更须让我们的步伐充满新的时代精神。这是商务人代代相传的事业，更是与国家和民族的命运始终紧密相连的事业。我们责无旁贷，必须做好我们这代人的传承与创造，让我们的努力和成果不仅凝聚成民族文化的记忆，还能成为后来人可以接续的事业。唯此，才能不负前贤，无愧来者。

商务印书馆编辑部

2017年10月

出版说明

意大利文艺复兴运动的先驱者但丁·阿利盖里(1265—1321),出身于意大利佛罗伦萨一个没落的小贵族家庭。他童年丧母,青年丧父,生活困苦。但他从小好学,在布·拉丁尼等著名学者的指导下,先后研究了拉丁文、诗学、古典文学、哲学、神学、历史、地理等科目,获得了渊博的知识,为他后来从事政治和文学创作活动打下了良好的基础。

但丁所生活的时期正是中世纪封建主义行将终结和现代资本主义纪元开始的时期,是意大利的社会各阶级的矛盾和斗争极其尖锐、复杂的时期。正如恩格斯所指出的:"意大利是第一个资本主义民族。封建的中世纪的终结和现代资本主义纪元的开端,是以一位大人物为标志的。这位人物就是意大利人但丁,他是中世纪的最后一位诗人,同时又是新时代的最初一位诗人。"①在这个时期中,一方面是意大利各城邦的市民和封建贵族的斗争,另一方面是神圣罗马帝国皇帝和罗马教皇争夺对北意大利的统治权的斗争,还有处于割据状态的各城邦之间的斗争,以及罗马教皇与神圣罗马皇帝同各城邦之间控制和反控制的斗争。在佛罗伦萨,所有

① 《致意大利读者》,《马克思恩格斯全集》,第22卷,第430页。

这些斗争在代表市民和小贵族的圭尔夫党同代表封建贵族的吉伯林党的斗争中得到了集中的表现。圭尔夫党主张依靠罗马教皇统一意大利;吉伯林党则依靠神圣罗马帝国的力量,企图建立其对佛罗伦萨、进而对意大利的统治。斗争结果以圭尔夫党取胜而告终。

但丁的家族属于圭尔夫党。在青年时代,但丁参加了该党对吉伯林党作战的康帕迪诺战役。后来在圭尔夫党掌握的佛罗伦萨新兴资产阶级民主政权中,但丁参与共和政权的建设并于1300年夏被任命为最高行政会议六名行政官之一。但自1295年以后,圭尔夫党在对待教皇博尼法斯八世的态度上,分裂成了支持教皇的黑党和反对教皇的白党,二者进行了激烈斗争。但丁因为反对博尼法斯八世的贪婪腐败而站在白党一边,结果在1302年黑党取得政权时遭到革职和驱逐。从此,他在其他城邦过了十九年的流亡生活,直至1321年逝世。

在流亡期间,但丁过着寄人篱下、颠沛流离的生活,艰辛备尝。但是无论教皇反动势力对他施加什么迫害或是进行利诱,他都没有屈服。他坚持自己的政治理想,关心意大利的前途。他在流亡初期,先后写了《宴会》(1304—1307)、《论俗语》(1304—1305)和伟大的诗篇《神曲》(约1307—1321)等重要著作。1308年,当以贤能闻名的卢森堡的亨利伯爵被选为神圣罗马帝国皇帝(亨利七世)的时候,但丁在政治上受到鼓舞,认为可以把祖国的和平统一寄托在这位皇帝身上。于是但丁于1311年上书亨利七世表示他的热切希望。研究专家一般认为,但丁的《论世界帝国》便是在这个时期写的,虽然由于材料不足,还不能确定写作的准确时间。

《论世界帝国》是但丁的政治理论代表作,在西方政治思想史上占有重要的地位。在这部书里，但丁系统地阐述了他的政治理想，即建立一统天下的世界帝国。全书共分三卷，分别阐述了三个基本论题：第一，为了世界的福利有必要建立一统天下的世界帝国；第二，罗马人有资格掌握这一尘世帝国的权力；第三，这一世界帝国的权力直接来自上帝，而不是间接地受自上帝的代理人——教皇。

关于第一个论题，但丁指出，全人类文明的普遍一致的目的是全面地、不断地发展人的智力，使人类在一切学科和艺术方面有所作为，有所创新。要实现这一目的，需要世界和平，而要实现世界和平，就必须建立一个统一的君主国家。只有在这样的世界帝国里，才能解决世上所有的国家之间的纷争，实现和平与正义的统治，充分发挥人的智能，使其过上幸福的生活。

关于第二个论题，但丁论证说，古罗马人建立帝国，统治世界，这是顺应上帝的意旨，因此，必然是合乎公理的。罗马民族是最高贵的民族。在奥古斯都时代，世界统一在罗马政权之下，人间秩序井然，举世和平昌盛。但丁认为这是人类最幸福的时代。因此，他理想中的世界帝国应由罗马人执掌政权。这里，但丁所说的罗马人是必须具备其祖先的优良品德的罗马人，而不是他所痛斥的骄傲贪婪的、他同时代的意大利人或罗马人。

在第三个问题上，但丁不顾反动教会的高压统治，大胆而详尽地驳斥了君主的权力来自教皇的种种论点。他论证说，人生于世，有其双重的目的：一是追求尘世的幸福，另一是追求天国的幸福。为此，上帝授权君主，要他以人的理智治国，引导世人遵守哲理道德，发挥智能，使尘世成为“人间乐园”。同时，上帝授权教皇，要他以圣灵化人，引导世人遵守神的教导，能于来世进入“天上乐园”，享永生之福。因此，君主的权力并非来自教皇，而是直接受自上帝；君主是为保障人类的尘世幸福而进行帝国的统治的。教皇只能以神的启示引导人类获得永生，他执掌天国的钥匙，看守天国的门，但无统治帝国的权力。这样，但丁就为政教平等和政教分离，反对教皇干预国家政治提出了有力的理论根据。正因如此，《论世界帝国》被罗马教廷列为禁书，直到本世纪初 1908 年才开禁，又迟至 1921 年，教皇才正式宣布其中政教分离的思想是正确的。

《论世界帝国》提出了不少有价值的思想，例如赞颂人类智慧的潜力，认为世俗权力的最终目的是促成人类智能的全面发展，尤其是政教分离的思想，有力地打击了教会的统治，具有一定的进步意义。但在中世纪末期，当欧洲一些民族由于资本主义经济的产生和发展，正在形成独立的民族国家时，但丁提出建立统一的世界帝国，显然是违背历史发展趋势的空想。

《论世界帝国》原文是拉丁文，书名为 *De Monarchia*。Monarchia 一词是借自希腊文的中世纪拉丁文，其原意为“一个人统治”，作为本书书名，则为“天下一统”、即统一为世界帝国的意思。中译本是根据美国哥伦比亚大学哲学和宗教荣誉教授赫伯特·W. 施奈德的英译本（1957 年修订版）转译的。英译本根据佛罗伦萨罗斯塔尼约（E. Rostagno, Florence, 1921）编的拉丁文本译出，1949 年初版。

目　录

卷　一
人类需要统一与和平

卷　二
罗马凭公理一统天下

卷　三
尘世的君主统治权直接由上帝赐予而非来自罗马教皇

卷　一
人类需要统一与和平

一

有关为人类创立一统的尘世政体的知识是极其重要的，然而对这方面的探讨却极为罕见。[1]

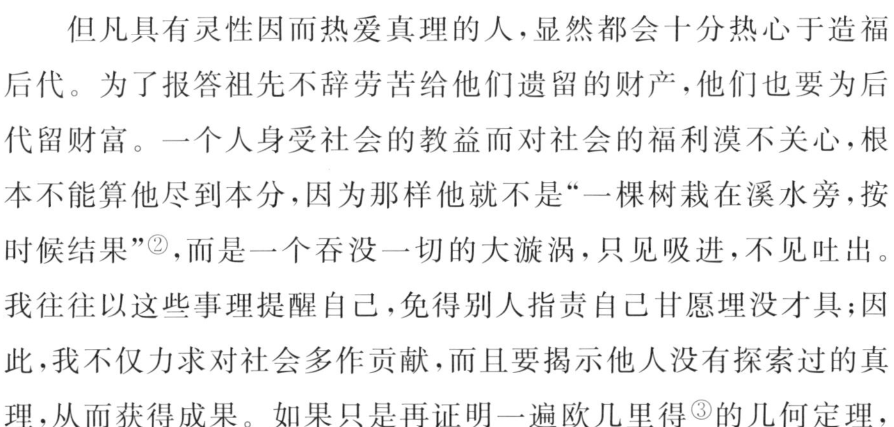

但凡具有灵性因而热爱真理的人，显然都会十分热心于造福后代。为了报答祖先不辞劳苦给他们遗留的财产，他们也要为后代留财富。一个人身受社会的教益而对社会的福利漠不关心，根本不能算他尽到本分，因为那样他就不是“一棵树栽在溪水旁，按时候结果”[2]，而是一个吞没一切的大漩涡，只见吸进，不见吐出。我往往以这些事理提醒自己，免得别人指责自己甘愿埋没才具；因此，我不仅力求对社会多作贡献，而且要揭示他人没有探索过的真理，从而获得成果。如果只是再证明一遍欧几里得[3]的几何定理，

① 各卷及各章的标题均为英译者所加。

② 见基督教《圣经》中的《旧约全书诗篇》第1篇，第3节（此书脚注除说明为“英译者注”外，均为中译者注）。

③ 欧几里得（Euclid）——公元前三世纪的古希腊数学家。

或者试图像亚里士多德[1]那样向人类指明其真正幸福，或者学着西塞罗[2]的样子，为老年人进行辩护，那算什么成果呢？这等于多余的“劳动”，除了叫人讨厌，还能有什么结果？

在那些虽然有用但仍未揭示出来的真理当中，关于一统天下的尘世政体的知识最为有用，但也最不为人所知。不过这种知识既然不是直接有利可图，大家也就不大留意了。因此，我拟把它发掘出来，好使我的才智能有益于世，并由于我在这方面建立头功而使我增光。我所从事的是一项艰巨的任务，断非我力所能及；但我并不是靠自己的能力，而是信赖那智慧的赐予者；他对世人慷慨恩赐，而不求全责备。

二

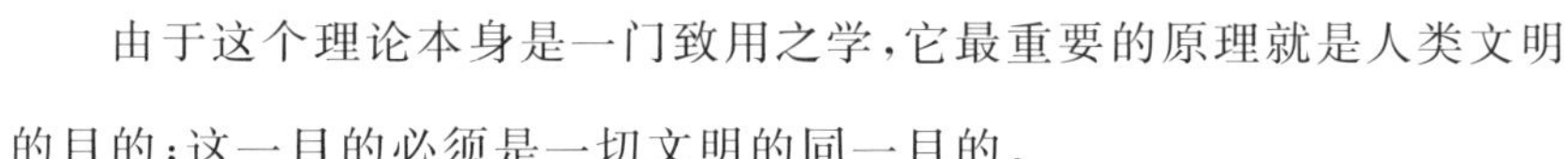
由于这个理论本身是一门致用之学，它最重要的原理就是人类文明的目的；这一目的必须是一切文明的同一目的。

首先，我们必须弄清一统天下的尘世政体的含义，它的性质和目的。我们所谓的一统天下的尘世政体或囊括四海的帝国，指的是一个一统的政体。这个政体统治着生存在有恒之中的一切人，亦即统治着或寓形于一切可用时间加以衡量的事物中。关于这个论题，有三个主要疑义需要加以考察：首先，我们必须探讨，为了给尘世带来幸福，是否有必要建立这样一个政体；其次罗马人是否有

① 亚里士多德（Aristotle，公元前384—前322）——古希腊哲学家。
② 西塞罗（Cicero，公元前106—前43）——古罗马雄辩家，哲学家。

权执掌这一政务；再次，这个政体的权威是直接来自上帝，还是有赖于上帝的某一仆人或代理人？

凡是本身不是原理的真理，其实都可以证明是出自某一原理，因此，在探究之际，必须弄清从属命题的必然性是从什么原理分析引申出来的。同时，本文既是一篇探讨性文章，我们也必须首先探索原理，因为从属命题就是根据原理的正确性而引申出来的。

这里我们必须记住，有些事物我们完全无法控制；对于它们，诸如数学、物理学和神学，我们只能作一些推论，除此就无能为力了。另外有些事物则为我们所控制；我们对之不仅可作推论而且可以实践。在后一种情况下，行动不是为了思想，相反，思想却是为了行动，因为在这类事情上，行动就是目的。由于我们目前所探讨的是政治，是一切维护正义的政治的源泉与原理，又由于一切政治事务都处于我们的控制之下，那么很显然，我们目前要探讨的主要不是思想而是行动。此外，由于在行动方面，最终目的是一切行动的原理和动因——这是因为行为者首先是由最终目的所推动的，所以为了达到这一目的而行动的任何理由都必须来源于这一目的。譬如木材锯成什么样子，可因盖房或造船而有所不同。那么，不管人类文明的普遍目的是什么，只要存在这样一个目的，它就是最重要的原理，并能充分说明由之而引申出来的一切命题。因此，如果承认某种文明有一目的，另一种文明又有另一目的，而不承认一切文明有同一目的，那就未免愚蠢可笑。

三

现在可以证明这一目的是实现人类发展智力的能力。

因此，我们现在必须认清整个人类文明的目的是什么；正如先哲在他的《伦理学》[①]中所说的那样，弄清这一目的，我们的任务就算是完成多一半了。为了给我们这一探索提供证据，我们应该注意到，正如大自然创造大拇指有一目的，创造手掌则有另一目的，创造手臂又有一目的，而创造整个人体又有与以上部分不同的目的；同样，一个人有一目的，一个家庭、一个地区、一个城市、一个国家，也各有其目的；最后还有一个适合于全人类的目的，那是出自永恒的上帝之手，亦即是由大自然所创立。我们现在就是要找出这一目的作为我们探讨问题的指导原理。在这方面我们应该明了，上帝与大自然创造万物是不会枉费心力的，凡所创造都各具其功能。因为任何创造行为，如果真有创造性，则不仅要创造出某物而且要赋予此物以正当的功能。因此，正当的功能不是因行使功能的某物才产生的，而是某物因它具备了这一功能才创造出来。所以，作为有组织的民众而言，整个人类也有其正当的功能；这一功能不是任何个人、家庭、地区、城市或国家所具备的。这一功能究竟是什么？只要我们弄清人类的

① 指亚里士多德及其《尼各马可伦理学》(*Nicomachean Ethics*)； 此书也译为《伦理学》。

基本能力，那也就清楚了。这里我想申明，不论是何种能力，如果它是为若干不同物种所共有，它就不可能成为其中某一物种的基本能力，因为说明某一物种的特点的基本能力不可能同时是许多物种的基本能力。由此看来，人的基本能力并不是指单纯的存在，因为存在是人和一切元素共有的状态；也不是指人是由元素化合而成的，因为矿物也是化合物；也不是指有生命，因为植物也有生命；也不是指有感应能力，因为其他一切动物都有感应能力。我这里指的是对于智力发展所具有的感应能力，因为不论在高于或低于人类的万物身上，都不曾发现这一特点。固然，天使与人类都同具智力，但天使的智力是不会发展的。天使的存在本身就是智力的体现，所以他们的智力是永恒的，否则他们就不可能永恒不变。因此，人类的基本能力显然是具有发展智力的潜力或能力。既然这种能力不可能在单个人或上述的任何一个人类集体中完全获得实现，那么在人类之中，必然有一部分人能通过他们本身来实现这全部能力；这正如在造物之中，必然有一部分造物充分体现原始物质的全部能力一样，否则，这种能力就得在原始物质之外存在着，而这是不可能的。阿维罗斯[①]对《生物学》[②]一书的注疏正好与上述观点不谋而合。我所说的这种智能，不仅针对普遍概念或物种，而且还扩展到个别概念上去。因此，人们说，思辨智力的扩展就是实践，并由此而达到行动和创造的目的。我把行动方面和创造方面区分开，因前

① 阿维罗斯(Averroes，1126—1198)——西班牙哲学家、法学家、物理学家，对亚里士多德的著作做出大量注疏，对传播亚里士多德的哲学思想起过作用。

② 《生物学》(*De Anima*)为亚里士多德所著。

者是受政治的深谋远虑所支配的，而后者则受技艺所支配；但二者都是思辨智力的扩展，思辨智力则是最高级的功能，至善的上帝为了发挥这一功能而创造了人类。以上我们已经阐明了《政治学》①中的那句名言，即具有智力的强者生而治人。

四

达到这一目标的最好方法是实现世界和平。

我已经清楚地阐明：人类作为一个整体而言，它的本分工作是不断行使其智力发展的全部能力；这首先是在理论方面，其次则在由理论发展而成的实践方面。既然部分是整体的样品，既然个人感到在宁静的环境里思虑更加周详，处事更加明智，那么，人类显然也是只有身处安定的太平时代才能轻松自如地进行工作。人类的工作是近乎神圣的；“你创造他仅次于天使”②。显然，上帝为了造福世人曾作了种种安排，而在这种种安排之中，世界和平是头等大事。因此上帝说，天上传给牧羊人的福音不是财富，不是享乐，不是荣誉，不是长寿，不是健康，不是力量，也不是美貌，而是和平。因为天使们宣告：“在至高之处荣耀归与上帝，在地上平安归与他所喜悦的人”③，而“愿你有和平”④也是救世主的祝辞；因为至高无

① 指亚里士多德所著的《政治学》(*Politics*)。

② 《旧约全书诗篇》第 8 篇，第 5 节。

③ 见基督教《圣经》中的《新约全书路加福音》第 2 章，第 14 节。

④ 同上第 10 章，第 5 节。

上的救世主发出至高无上的祝辞，那是非常恰当的。他的门徒都很注意经常使用这一祝辞；很显然，保罗就是这样做的，这一点谅必人人都是很清楚的。

以上所述表明人类要完成本分工作所必须遵循的那条较好的甚至是最好的道路；因此，这同样表明我们必须立即走上这条道路，那就是世界和平的道路，以求达到我们全部工作的最终目的。这就是我们的基本原理，如前所述，它是构成我们以下一切论点的基础。它也是摆在我们面前的一个标准，可以用来检验我们试图证明的真理。

五

为了造就普天下的幸福，有必要建立一个一统的世界政体。

关于一统天下的尘世政体，一般也称作帝国，我开始时说过，有三个主要疑义必须提出来加以探讨。这三个疑义，我也说过，我准备按次序逐一讨论。第一个疑义是，为了给尘世带来幸福，是否有必要建立一个一统的尘世政体。从来也没有人提出过有分量的论点或典据以否定这种必要性；相反地，肯定这一必要性的论点却是十分明确有力。最早的论点见于《政治学》，具有先哲的权威。在那里，这位可敬的权威指出，每当几个物体结成一体，其中必有一个起调节和支配作用，其余则服从调节和服从支配。这一点看来是可信的，因为这不仅凭借作者英名的威力而成立，而且也是根据归纳推理所得的结论。试以单个人为例，这一论点的正确性在他身上就有充分体现;因为即使他倾全力追求幸福,但如果他的智能起不到支配和指导其他能力的作用,他也不可能获得幸福。又譬如一个家庭的目的是要让家庭成员生活舒适;其中必须有一个人起调节和支配作用,我们称之为家长,不然,也得有个相当于家长的人。先哲亚里士多德说:"每个家庭以最年长者为主。"荷马[①]也说过:支配整个家族和定出家规就是这一家之主的职责。因此,那句咒骂人的谚语说:"但愿你家里出了个跟你分庭抗礼的人!"再譬如一个地区,它的目的是在人力和物力方面起相互协助的作用。这里必须有一个人出来管辖他人,这个人或者由大家推举,或者是众人乐意拥戴的杰出人物。否则,这个地区不仅不能提供内部的互相协助,反而常常因为争权夺势而导致整个地区的毁灭。同样,一个城市的目的是安居乐业,自给自足;那么,不管这个城市的市政是健全还是腐败,这个城市必须有一个一统的政体。否则,不仅公民的生活达不到其目标,连城市也不成其为城市了。最后,不妨以一个国家或王国为例,它的目的与城市相同,只是维护和平的责任更重。它必须有一个单一的政府实行统治和执政,否则国家的目的就难以达到,甚至国家本身也会解体,正如那个放之四海而皆准的真理所说:"一个内部互相攻讦的王国必遭毁灭。"因此,如果这些情况确实符合有着统一目标的个人和特定地区,那么,我们前面的立论就必然是正确的。上述已经证明整个人类注定只有一个目的,因

① 荷马(Homer,公元前10世纪—前8世纪之间)——相传为古希腊史诗《伊利亚特》(*Iliad*)和《奥德修纪》(*Odyssey*)的作者。

而人类就应该实行独一无二的统治和建立独一无二的政府，而且这种权力应称为君主或帝王。由此可见，为了给尘世带来幸福，一统的政体或帝国是必要的。

六

无论何种机构都需要统一治理，因此，从整体的角度看，人类必然也需要统一治理。

部分与整体之间的关系，亦即该部分的结构与整体结构之间的关系。但是部分与整体之间的关系也就是该部分与其目的或最大利益之间的关系。因此，我们必然要得出这样的结论：部分结构的利益不能超过整体结构的利益，而是后者超过前者。既然事物有双重结构——即联系着部分与部分的结构和联系着部分与整体的结构，这有如在军队里，士兵与士兵有联系，而士兵又与他们的司令官有联系——那么统一各个部分的结构就比其它结构优越，因为它正是后者要达到的目的。因此，部分之间的联系就为着统一的结构才存在的，而不是反过来。如果说，在人类的局部联系中存在这种结构形式，那么按照上述的三段论法，在整个人类社会中就更应该存在这种结构形式，因为整体结构或其形式的利益超过局部结构的利益。但是，我们在前一章已经详细阐明，人类社会的各个部分都有这种统一的结构，因此，作为整体的人类也有或者应该有这种统一的结构。也正如我们所阐明的那样，作为国家的某些部分的社会组织以及国家本身，应该组成一个结构，这个结构应

由一个统治者或政府来统一，因此，这就必然要有一个单一的世界君主或世界统治机构。

七

尘世政体不过是那同上帝相结合的单一的世界政体的一个部分。

进一步看，人类社会，就其组成部分而言，是一个整体，但它本身则是另一整体的一个部分。因为如前所述，人类社会是由各个国家和民族组成的整体，但显而易见，它不过是整个宇宙的一部分。因此，正如只有作为人类社会的一部分，一个社会的各个从属部分才得以秩序井然，同样，人类社会自身也必须适应全宇宙的秩序。但是人类社会的各个部分只是根据一统的原则才会秩序井然（这是以上的论述所证明的），因此，人类社会自身也必须根据一统的原则才得以秩序井然，即得力于它的统治者——起绝对一统天下作用的上帝。因此，我们的结论是：为了给尘世带来幸福，一个一统的世界政体是必要的。

八

人类本来是按照上帝的形象造出来的，也应像上帝那样是个统一体。

事物如按其原创始人即上帝的意旨发展，就会处于各自的最佳状态；这一点除了否认神的美德能达到尽美尽善的那些人以外，在一般人看来是非常明显的。

按照上帝的意旨，所造物一经造就，就要尽其本性之所能，以体现神的形象，这就是《圣经》中所说的“我们要照着我们的形象，照着我们的样式造人。”[①]虽然我们不能说低于人类的造物体现了神的“形象”，但我们能说一切造物都与神有“相像”之处，因为整个宇宙无非是神的美德的体现。所以人类只有尽其所能与上帝相像，才能处于最佳状态，而人类又只有达到完全统一才接近上帝的形象，因为统一的真正基础就是上帝本身。且看《圣经》是这样写的：“以色列啊，你要听：耶和华我们上帝是独一的主。”[②]然而人类只有结成一个统一体才算是全面统一；不言而喻，只有整个人类服从一个统一的政体，才有可能全面统一。因此，正如本章一开始所表明的那样，人类服从一个一统的政体就能与上帝的形象最接近，它的存在也最接近神的意旨，而这意旨就是要人类幸福地生活。

九

> 君临天国的是一位独一无二的创始人——上帝；而人类只有以天国和天父为榜样，才能处于最佳状态。

同样，一个小孩只有尽其本性之所能，亦步亦趋地模仿他完美

---

① 《旧约全书创世记》第 1 章，第 26 节。
② 《旧约全书申命记》第 6 章，第 4 节。

的父亲，他才能成为一个可爱的完美的孩子。既然按照《物理学》（*Physics*）作者[①]的说法："人是由人和阳光繁殖的"[②]，那么人类就是天国之子，而天国的一切则是尽善尽美的。因此人类也只有尽其本性之所能，亦步亦趋地模仿上帝才能处于最佳状态。独一无二的运动，即原动力，和独一无二的创始人，即上帝，统治着整个天国的一切部分、一切运动和动力，因此，只有人类的一切动力和运动服从独一的动力（即政体）和独一的运动（即法治），人类才处于最佳状态。人们正确运用三段论法进行哲学思考，那就很容易看出这个道理。因此，为了给尘世带来幸福，看来有必要建立世界政体，也就是称为帝国的那个一统的政权。包修斯[③]受到这种推理的启示，写道：

"倘若尘世如天国，世人心中充满爱，啊，人类该有多幸福！"[④]

尘世政体如不从属于最高法庭，则不可能健全。

凡是可能出现争执的地方，就必然有裁判。否则，没有自己进行调整或惩治的手段，事物就不会完善。而这当然是不可能的，因

---

① 亚里士多德。

② 《物理学》II. 2，11。——英译者

③ 包修斯（Boethius，约480—524）——古罗马时代文人，狱中著有《哲学的安慰》；此外有数学、音乐方面的著作。

④ 《哲学的安慰》（*On the Consolation of Philosophy*）II. 8。——英译者

为存在于万物之中的上帝或造物主是没有缺陷的。在两个彼此不相隶属的政体之间，可能由于本身的或其臣民的过错而发生争执。这是很显然的。因此，在它们之间就需要进行裁判。它们互不隶属（因为大家都处在同等的地位也就不存在权威），互不了解，所以必须有一个第三者，必须有一种更广泛的权力，能在其司法权限内管辖这二者。这第三种权力要么是世界政权，要么不是。如果是，那我们已经有了结论。如果不是，那必然是在其司法权限之外遇到对等的权力；这时候它又需要第三者进行裁判，如此循环，永无止境，这当然是不可能的。这样，我们就必然需要有一个最高的首席法官，他可以直接地或间接地裁判一切争执，这就是我们的世界统治者、即帝王。因此，就有必要在这世界上建立一个世界政体。先哲亚里士多德看到了这一点，他说："事情最怕的是乱，而权威多了就会乱，因此，权威应是独一无二的。"①

十一

世界政体利于使贪欲减至最小程度，使正义的威力获得最大发挥。

一旦正义成为尘世的最大威力，世界就有最良好的秩序。因此，维吉尔②为了歌颂当时行将兴起的一个新时代，曾在他的《牧歌》(*Bucolics*)中唱道：

① 亚里士多德引用荷马：《伊里亚特》II. 204，见《形而上学》(*Metaphysics*) XI. 10。——英译者

② 维吉尔(Virgil，公元前70—前19)——古罗马诗人。

“贞女和农神王朝终于再现。”

所谓“贞女”，指的是正义；这正义有时被称为“明星”。所谓“农神王朝”，指的是最理想的时代；这时代有时被称为“黄金时代”。在一元化的政体下的威力最大；因此，要获得最良好的世界秩序，就须要建立世界政体，即世界帝国。为了使这个小前提更加明确，我们不妨再强调一下：正义的本意可以说是正直或不偏不倚，因此，像白色一样，抽象的正义是没有程度上的差别的。《六法则全书》(*Book of the Six Principles*)的作者[①]说得对：有些形式属于这一类，它们可以加入到各种合成体之中，但其本身仍然是单一的、不变的。然而，如果它们“或多或少地”受到了限制，我们就知道这种限制来自同它们混合的异物，而这些异物又全有某些或多或少是不可调和的混合物。因此，就意向和行动而言，加入到正义之中的不可调和的混合物最少时，正义也就最有力量。到那时，先哲亚里士多德所说的“贞女胜似启明星”[②]的这句话才适用于正义，因为，她那时好比是月亮，在拂晓时分与其兄弟太阳恬然交相辉映。就意向而言，正义常常受到意志的干扰。如果在伸张正义之前，意志没有完全摆脱贪欲，那么正义就失去它纯正的光辉，因为它搀进了异物，不管异物的分量多么微小。因此，企图左右法官意见的人都要判刑，这也是理所当然的。就行动而言，正义要受到人的能力的限制。因为正义是一种能激发他人感情的美德；如果一个人不能公平待人，那他怎么能有公正的表现呢？因此，一个公

① 吉尔伯图斯·波列塔努斯(Gilbertus Porretanus)。——英译者

② 《伦理学》V. I. ——英译者

正的人拥有的权力越大，正义的威力就越能充分发挥。

所以，根据这一命题，我们可以提出如下的主张：正义只有体现在最自觉自愿和最有能力的人身上才能在全世界发挥最大的威力，而唯一具备这种条件的人就是世界君主。因此，正义只有完完全全体现在世界君主身上，才会在世界上发挥最大的威力。这种复合的三段论法的第二图式必然是否定式的：

<table>
<tr><td>全部乙等于甲</td><td rowspan="3">或</td><td>全部乙等于甲</td></tr>
<tr><td>唯独丙等于甲</td><td>非丙不等于甲</td></tr>
<tr><td>唯独丙等于乙</td><td>非丙不等于乙①</td></tr>
</table>

如前所述，大前提是很明白的。而小前提则可从以下方面加以论证：首先从**意志**方面，然后从**能力**方面。作为第一方面的论据，我们必须看到，贪欲是正义的极端对立物，关于这一点亚里士多德在他的《伦理学》第五卷中早已指出。如果摆脱了贪欲，那么意志中就不复存在正义的对立物了。这位先哲认为，凡是法律能解决的，就不必诉诸法官。先哲的这种看法显然是出于对贪欲的戒心，因为贪欲特别容易蛊惑人心。那么，只要是无所不有，贪欲也就不复存在，因为对象消失了，欲念也就不可能存在。一个一统天下的君主就无所不有，因为他的权限是以海洋为界，其他王国都以邻国为界，就谈不上这一点，例如卡斯蒂尔王国国王的领土以阿拉贡王国国王的领土为界。因此，我们可以说，在那包含着正义的

---

①　根据上下文中译者认为这个图式可作如下解释：

<table>
<tr><td>正义体现为最有力量的人</td><td rowspan="3">或</td><td>正义体现为最有力量的人</td></tr>
<tr><td>唯有世界君主最有力量</td><td>任何非世界君主不可能最有力量</td></tr>
<tr><td>唯有世界君主体现正义</td><td>任何非世界君主不可能体现正义</td></tr>
</table>

世俗意志之中，世界君主的意志是最纯正的。此外，贪欲无论怎样微小，总要遮掩正义的光辉，而仁爱或热衷于正义却能使正义发扬光大。因此，什么人最热衷于正义，他就能把正义摆在最首要的地位。世界君主就是这样的人；有了他，正义就发挥或者能够发挥最大的威力。热衷于正义确实起到了上述的作用，这可以证明如下：贪欲无视人类本身而追求他物；仁爱却无视其他一切而追求上帝与人类，因而必然追求人类的利益。如前所述，人类最高利益是安居乐业，正义则是这一利益主要的和最有力的推动者，而仁爱又是正义的主要推动者——越是仁爱就越富有正义感。在世界上的一切人之中，唯独那世界君主最富有正义感，对于这一点，我们可以阐明如下：如果我们喜爱某物，那么它越是我们的切身之物，我们就越喜爱它；而人们对那世界君主比对其他君主更为切身，因此，那世界君主也最爱他们，或者说，应该是最爱他们。但凡考虑过事物的被动性和主动性的人，对这个大前提是看得很清楚的。小前提则可从以下事实推出：人们与其他君主只有部分的关系，而与那世界君主则是息息相关的。再说，人们是通过那世界君主才得以同其他君主相接近，事实就是如此，而不是相反。因此一切人都是那世界君主的首要的和直接的关怀对象，而共他君主关怀他们则只能通过那世界君主；其他君主的关怀也是从那世界君主的最高关怀中派生出来的。此外，一个原因越具有普遍性，它就越显得真实，因为次要原因都是通过主要原因起作用的，这在《四因论》[①]一书中有所阐述；而一个原因越是真实，它就越有可能产生效果，正

① 《四因论》(*De Causis*)为亚里士多德所著。

因为这样，原因才成其为原因。如上所述，既然那世界君主在世人之中是幸福的最广泛的根源，而其他君主也只有通过他才能如此，因此他最热衷于为人类造福。

其次是关于伸张正义的能力（而不是意志），如果谁明了这个词的含义，他怎么还会怀疑那世界君主具备这种能力呢？既然他是统治一切的，他也就不可能有敌人了。小前提现在已经十分清楚，结论看来也是肯定的，也就是说这世界为了获得幸福就必须建立一个一统的政体。

十二

只有服从理性，只有全心全意为实现人类的目标而奋斗，人类才有自由。这样的自由只有在世界政治机构的治理下，才有实现的可能。

人类一旦获得充分的自由，就能处于最佳状态。如果我们领会了自由的原则，这一点也就清楚了。我们必须认识到，自由的基本原则是有选择的自由，这一点许多人都挂在嘴边，但很少有人放在心上。他们只会说，选择的自由就是判断事理时的意志自由。这种说法是对的，但是他们并不理解它的含义。他们说话的口吻很像我们的逻辑学家，后者为了运用逻辑推理而不断援引某些命题，譬如“三角形的三角之和等于两直角”。因此，我必须说明，判断力往往介于理解与欲念之间。对于某一事物，首先是理解，理解之后再判断好坏，判断之后才决定取舍。因此，如果判断力能完全控制欲念，丝毫不受欲念的影响，那它就是自由的；如果欲念设法先入为主，影响了判断力，那么，这种判断力就不是自由的，因为它身不由己，被俘虏了。正是这个缘故，低等动物不可能有自由的判断力，因为它们的欲念总是先于判断力。这也说明为什么意志坚定的智者以及那些蒙受天恩而超凡脱俗的精灵并没有失去判断力的自由；他们能完美地保持它和使用它，尽管他们的意志固定不变。

如果我们领会这个原则，我们就能理解为什么这种自由——我们一切自由的原则——是上帝对人类的最大恩赐（我在《天堂》中也是这样说的）[①]，因为这种自由能使我们感到在尘世作为人是幸福的，在天国则作为神也同样幸福。如果这一切都是事实，那么谁能否认人类一旦充分运用这一原则，就能生活得最美好？

然而，在世界君主的统治下生活是最自由的。要理解这一点，我们必须认识到，一如先哲亚里士多德在论“单一存在”[②]时所说，自由的意思就是为自己而生存，而不是为他人而生存。凡是为他人而生存就必然要受制于他人所以生存的目的，譬如修路，这路之所以要修必然取决于它要通往的目的地。因此，只有在世界君主的统治下，人类才能为自己而生存，而不是为他人而生存，因为只有这样才能制止那些反常的政体，诸如民主制、寡头制、暴君制。但凡浏览过各种政体的历史的人，都知道这些政体必然要使人类处于奴役状态，而只有国王、贵族（他们被称为“大贵之人”）和保卫

① 根据但丁此处关于《神曲》（*Divina Commedia*）的第一部《天堂》（*Paradiso*）的附言，可确定本文系1317年以后所作。但多数学者认为此附言是为迷惑后人而在成书以后加上去的。一般接受博加丘（Boccaccio）的说法，认为本文作于1310—1313年间。

② 见《形而上学》I。——英译者

人民自由的斗士才享有统治权。如前所述，世界君主最爱人民，因此他希望人人都成为好人，这是那些倒行逆施的政客所办不到的。故此，先哲亚里士多德在他的《政治学》一书中写道："在一个反常的政体下，好人成了坏公民；而在顺乎民情的政体下，好人就是好公民。"正是这样，顺乎民情的政体以自由为目的，也就是说，人们是为自己才存在的。公民不为他们的代表而存在，百姓也不为他们的国王而存在；相反，代表倒是为公民而存在，国王也是为百姓而存在的。正如建立社会秩序不是为了制定法律，而制定法律则是为了建立社会秩序，同样，人们遵守法令，不是为了立法者，而是立法者为了他们。关于这个问题，先哲亚里士多德在其流传至今的著作中就是这样说的。因此，我们都很清楚，虽然从施政方面说，公民的代表和国王都是人民的统治者，但从最终目的这方面来说，他们却是人民的公仆，而世界君主尤其如此，他应该被看作是全人类的公仆。所以我们必须充分认识到，世界政体在制定法律时，它本身就受制于预先确定的目的。因此，只有在一统的君主的治理下，人类才能生活得最美好。由此可见，这世界为了获得幸福，就有必要建立一个一统的世界政体。

十三

世界政体最利于实现合理的统治。

另一论点是：最善治其身者亦最善于治人。因为在任何行动中，行为者的原始动机无论出于其本性或者出于什么意图，都是为了表现自己的意象。因此,行为者能如此行动也就感到喜悦,人人都是希望自己得以存在,而行为者就是在行动中表现其存在的,这样,喜悦之情油然而生,因为想望的事物总是使人喜悦的事物。故此,一个行为者之所以行动,正是因为他本来就具备他行为的对象应该获具的那种性质。关于这个问题,先哲亚里士多德在论"单一存在"时说道:"凡是从可能性变成现实性的东西,都是由于某种因素起了作用,这种因素实际上就存在于它要转变成的那种形式之中;如果行为者不这样做,那么他的作为就不会有什么效果。"这样,我们就能克服某些人的错误;这些人总是说得好听,做得很坏,还自以为能够改善他人的生活和为人行事。他们忘记了雅各的手比他的话更有说服力[①],即使他的话是真的,他的手也是邪恶的。因此,先哲亚里士多德在他的《伦理学》中说:"在热情和行动方面,语言不及事实有说服力。"大卫有罪时,上天是这样跟他说的:"你为何妄说我的正义?"这也就是说:"你说的都是虚妄之言,因为你言行不一。"这一切说明,凡是希望治理他人者,必须先把自己治理好。但是只有世界君主最有资格执掌统治权。这可以证明如下:某一事物在一定的行动过程中,若其本身几乎不含有什么阻力,它就最适宜于这种行动。所以,那些从未听说过正确的哲学推理的人,比起那些早就听说过但充满错误观念的人,更容易正确地学会正确的哲学推理法。对于后者,加伦[②]在论述这个问题时说得好:"这样的人想获得学问,必然会事倍功半。"如前所述,既然世界君

---

① 《旧约全书创世记》第27章。

② 加伦(Galen,129? —199)——古希腊医学家。

主无须贪婪，或者说，至少比其他人好得多，同时，既然这是其他君主所不及的，而贪欲本身又是判断力的强腐蚀剂和正义的阻力，那么，世界君主就完全地或最大程度地具备统治的资格，因为他比其他一切人都更善于发挥判断力和正义的威力。立法者和施政者应该具备这两种品质，这一点可以证之于那位最神圣的国王①，因为他祈求上帝赐予他作为国王和王子所必须具备的品质："上帝啊，求你将判断的权柄赐给王，将正义赐给王的儿子。"②因此，我们的小前提是成立的，即是说，只有世界君主最有资格执掌统治权。因此，世界君主最善于统治。由此可见，为了使世界得以大治，有必要建立一个世界政体。

十四

制定了引导全人类走向和平的法律，世界政体就能最有效地领导各个地方政体。

一人能做之事最好由一人去做而不必由众多的人去做。这一命题可以这样论证：假设甲能做某事，并假设甲和乙都能做此事；那么，既然甲和乙所做的事可由甲一人去做，那乙就等于是无用的，因为多添了他，比起由甲一人来做并无区别。无用而又多添就是多余和累赘，这就使上帝或造物主不悦，但凡使上帝或造物主不

① 指所罗门王。

② 《旧约全书诗篇》第 72 篇，第 1 节。

悦的就是恶(这是不言而喻的)。因此,不仅一人能做之事最好由一人去做而不必由众多的人去做,而且,由一人去做就是善,由数人去做就是恶了。

另一验证是:人们认为事物越是接近其最佳状态就越好。采取某一行动的目的,就是衡量该行动的价值的标准。而该行动由一人完成,也就更接近于目的。因此,这样做才比较妥当。为了证明某一行动由一人完成更接近目的,我们不妨假设丙为目的,甲为一人的行动,甲和乙为数人的行动;那么很显然,从甲直接通达丙的路线,比通过乙而达到丙要短一些。上面说过,人类应由一个最高的统治者即世界君主来统治。我们在这方面应该很清楚,并不是每一城市的每一细微的规章都直接来自世界政体,因为城市的规章往往并不完善,须要修改,先哲亚里士多德在《伦理学》一书中赞美衡平法时就加以阐明。民族、国家和城市都各有其内部事务须要制定专门法令。法律无非是指导我们生活的规则。西迪亚[①]人生活在寒带,白昼与黑夜极不均衡,并且天寒地冻,令人难以忍受,但是他们必须按照他们的方式生活。另一情况是加拉曼特人(Garamantes)生活在赤道上,那里白昼和黑夜十分均衡,但酷热使他们无法穿衣服,他们又必须按照另一种方式生活。另一方面,世界政体是在人类共性的基础上统治人类并依据一种共同的法律引导全人类走向和平的,我们必须根据这一意义来理解它。地方政体应该接受这种共同的准则或法律,如同在运用中的实际智力从思辨智力接受它的大前提一样。而且实际智力给大前提加上自

① 西迪亚(Scythia)——位于欧亚之间的一古国,公元前二世纪灭亡。

身特殊的小前提，然后得出指导其行动的特殊结论。这些基本准则不仅可能来自唯一的源泉，而且必须如此，才能避免在普遍原则方面产生混乱。摩西就是按照这个模式制定法律的；他选拔了各部落的首领，把次要的判决权委托给他们，而独自保留高级的和全面的判决权。各部落首领按照自己的特殊需要运用这些共同准则。因此，人类最好是由一人统治而不由众多的人统治，也就是，由独一无二的统治者即世界君主统治。如果这样比较好，那就能取悦于上帝，因为上帝总是喜欢比较好的事物。如果只有两种选择，那比较好的一种就是最好的一种，这一种不仅取悦于上帝，而且，宁要“一人”而不要“众多的人”这一选择本身就最合上帝的心意。由此可见，人类只有在一统的政体下才能生活得最美好，而且为了给尘世带来幸福，就必须建立这样一个政体。

十五

统一为“存在”与“善”的根本。

现在我必须申明，“存在”、“统一”和“善”有一个顺序问题，这是按照“顺序”的第五种意义即优先权来说的。就其本质而言，存在先于统一，而统一又先于善，因为只有不折不扣的存在才算是最统一的，而最统一的也就是最善的。因此，存在越不完整就越缺乏统一，也就越缺乏善。根据这个道理，一切事物，凡是最统一的，就是最善的，这一点确实是如此；先哲亚里士多德在论“单一存在”时就是这样主张的。由此可见，善的根本含义是单一存在，而恶的根本含义是多头存在。正如先哲在论“单一存在”时所阐明的那样，毕达哥拉斯[①]在他的相对法中，根据这个道理把统一放在善的一边，而把多元放在恶的一边。这样我们就能看清，所谓恶就是蔑视统一而趋向多元。《圣经·诗篇》的作者对这一点看得很清楚，他说：“你使我心里快乐，胜过那丰收五谷新酒的人。”[②]因此可以肯定，善之所以为善，就在于它的统一性。既然协调一致本来就是善，那么很显然，协调一致的根源必定具有某种统一性。如果我们考察协调一致的本质和基础，它的根源就显而易见了。协调一致是众多的意志的一致行动；从这个定义中我们看到，一致行动是由于意志的联合，而这种联合就是协调一致的根源，甚至是它的存在本身。例如，如果许多土块自动掉落，我们就说这些土块是“协调一致地”掉落；同样地，我们也说许多火苗是协调一致地升向四周。如果许多人朝着同一个目标前进，他们的意志在形式上是一致的，也就是说，一致性体现在他们的意志之中，这好比下沉性体现在土块之中和上浮性体现在火苗之中一样，那么，我们可以说这许多人是协调一致的。意志力是一种能力，但意志的形式表现为理解善的观念。这种形式像其他任何形式一样（如灵魂或数字），本身是个统一体，但它在同各种物体的混合中得以繁殖。

记住了这点，我们下面就能继续论证我们的命题。一切协调都有赖于意志的统一；人类的最佳状态就体现着某种协调，因为一个人只有灵魂和躯体相协调了，才算健康，一个家庭、一个城市、一

---

① 毕达哥拉斯（Pythagoras，公元前580？—前500？）——古希腊哲学家。

② 《旧约全书诗篇》第4篇，第7节。

个国家都是如此，所以整个人类也是如此。因此，人类的幸福有赖于人类意志的统一。但是，要做到这一点就必须有同一的统治意志引导其他意志达到统一，因为世人的意志屈从于诱人的青春欢乐，须要加以引导，先哲亚里士多德在他的《伦理学》的最后一部分就是这样教导的。除非有一个一统的君主，他的意志能控制和引导其他一切意志，否则，这样一种同一的统治意志是不可能存在的。如果以上的论证都能成立，而且事实上是成立的，那么，为了达到人类的最佳状态，世界就需要有一个一统的君主，因而，这世界为了获得幸福，也就有必要建立世界政体。

十六

在奥古斯都[①]帝国时代，正当世界和平最大限度地得到实现之际，基督托胎下凡一事证实了这些原理是神圣的；同时，人类在失去那黄金时代以后的灾难也同样可以证实这一点。

难忘的经历证实了以上论证的合理性。我指的是在圣子为了拯救人类而托胎下凡时的尘世状况；这种状况若非圣子所期望的，就是按照他的意旨安排的。由于人类的始祖犯了原罪[②]而堕落，人类就走上了迷途；如果我们回顾一下自此以来人类世世代代的状况，我们就会发现，直到神圣的奥古斯都时代才出现了一个完整

① 奥古斯都（Augustus，公元前63—公元14）——古罗马皇帝。

② 指基督教圣经中亚当吃了禁果，从而堕落为凡人。

的和一统的世界政体,天下才得以平定。在他那个时代,人类得享太平盛世,这一点可以证之于各历史学家、杰出的诗人,甚至于那体现了基督和善精神的福音派人物[圣路加]。最后,圣保罗又把这个极乐时代视作“完满的时代”。这个时代确实是完满的,尘世万事安排得如此周全,一切都是为了促进我们的幸福。

但是,自从贪欲的铁钉扎破那无缝的天衣①,这尘世所处的状况,我们都能通过阅读加以了解,更何况有些情景至今仍历历在目。人类啊,你还要经受多少的动乱和不幸,遭遇多少的挫折,因为你这只多头兽要向四面八方挣扎!无论是从理论还是从实践方面看,你的心灵和精神都是病态的!论证虽然无可辩驳,却不能诉诸你的理智;经验虽然丰富,也不能增长你的才干,甚至温和而神圣的规劝也不能打动你的感情,而这种规劝正是圣灵在向你召唤:“看哪,弟兄和睦同居是何等的善,何等的美。”②“外邦为什么争闹?万民为什么谋算虚妄的事?世上的君王一齐起来,臣宰一同商议,要敌挡耶和华并他的受膏者。让我们挣开他们的捆绑,脱去他们的绳索。”③

① 指耶稣基督钉死在十字架上。

② 《旧约全书诗篇》第133篇,第1节。

③ 同上第2篇,第1—3节。——英译者

卷　二
罗马凭公理一统天下

一

人的理性和神的威力二者都表明，没有公理，就没有罗马帝国。

在不明起因的情况下，我们往往对奇迹惊叹不已；因此，那些了解起因的人自然就要藐视和嘲笑那些表示惊叹的人。我当初就曾对罗马人那所向无敌、称雄世界的业绩惊叹不已，因为我只是肤浅地认为他们的霸业是依仗武功而非凭借公理得来。但是，经过一番沉思默想，我也就领悟得比较透彻，同时我也看到上天对这一切安排的明显迹象，于是我不再惊叹了；我现在藐视和嘲笑那些争闹不休的外邦以及那些跟我过去一样谋算虚妄之事的万民；当我看到那些君王和臣宰只会共同反对上帝以及他的罗马君王，我感到不胜悲痛。因此，我带着嘲笑和不无哀伤之感的心情，用先知以天国之主的名义发出的呼吁，来代表罗马皇帝和光辉的罗马民族发出呼吁：

“外邦为什么争闹？万民为什么谋算虚妄的事？世上的君王一齐起来，臣宰一同商议，要敌挡耶和华并他的受膏者”。但是，正如仁爱之心自然容不得嘲笑，夏日的朝阳总会驱散晨雾并普照大地，我从此也不再嘲笑，而愿以智慧之光驱散那蒙昧的云雾，把那些争闹的君王和臣宰从这云雾之中解放出来，并显示出从这类统治者的枷锁下解放的人类的特色。我现在就从事着这项工作，所以我要用先知的话勉励自己：“让我们挣开他们的捆绑，脱去他们的绳索！”

等我完成了这个研究的第二部分，揭示了有关这个问题的真理，上述的两个目的就可以达到。那些君王和臣宰自己篡夺了公权，却又荒谬地认为罗马民族是篡权者；因此，在我说明没有公理就没有罗马帝国这一点的时候，我不仅能拨开了那些君王和臣宰眼前的蒙昧的云雾，而且我还要给世人指出他们已经丢掉此类篡权者的枷锁。现在这一真理不仅要靠人的理性的智慧之光，而且要靠神的威力的光辉才得以显现出来。二者一经契合，上天下地都必然一致赞同。因此，我坚守自己的信念，信赖理性与神威的共同证言，并进而阐明第二个问题。

二

上帝的意旨就是公理的根据。

我们已经尽可能深入地研究了第一个问题的真正答案，现在就要探求罗马人建立帝国是否合乎公理这第二个问题所涉及的真理。在开始探讨问题之前，我们又必须首先找出构成基本原理的真理,因为其他的有关论点都是以之为依据的。

在这方面,第一个值得我们注意的事实是:任何技艺都存在于三重方式之中——存在于艺术家的头脑之中,存在于技巧之中,存在于媒介物之中;因此,我们也必须在三重意义上认识大自然。大自然存在于上帝之中,上帝则是大自然的原创造者;大自然也存在于天体之中,天体是上帝的工具,凭借天体,上帝那永恒的善的形象才得从他那技艺的物质媒介物之中呈现出来。如果有了完美的艺术家和完美的工具而作品仍有缺陷,那就必然是媒介物有问题了。因此,既然上帝至善至美,既然他的工具,亦即诸天体,没有缺陷(正像我们用哲理论证所领会到的那样),那就只能是:尘世上的任何缺陷必然是由于上帝的原材料而不是由于创造天地的上帝的意旨所造成。另一方面,如果我们在尘世上发现了善的事物,我们不能把善归之于事物的物质方面,因为原材料只是一种潜在的技艺;我们必须把善首先归之于那作为神的艺术家,其次归之于上帝的艺术的工具,即通常称之为大自然的诸天体。由此,我们可以推断:因为公理是善的一种形式,所以公理首先就在上帝的心中;因为在上帝心中的事物就是上帝的一部分(按照通常的说法:"一切造物皆是神的生命"),又因为上帝就是他本身的意旨的主要对象,所以上帝心中的公理就是按照他的意旨而形成的。既然上帝的意旨及其对象是同一的,那么上帝的意旨就是公理。由此可见,不论是何种公理,都不过是上帝的意旨的体现。因此,凡是不符合神的意旨的,就不可能是公理;反之,凡是符合的,就是公理。所以,每当我们问及某事是否合乎公

理，不管我们怎样措辞，无非是指它是否合乎上帝的意旨。因此，我们必须假定，在人类社会中，凡是合乎上帝意旨的就必然完全和真正合乎公理。在这方面，我们应该记起先哲亚里士多德在《伦理学》一书中开宗明义就提出的训诫："我们务必不要期望在一切问题上都能找到相同的必然性，而只能按照问题本身所允许达到的程度。"根据这一条原理，我们只要能援引明显的迹象和智者的权威来肯定光荣的罗马人所拥有的权利，那我们的论证就算有充足的根据了，因为，上帝的意旨本身是无形的，但通过有形的一件件事情，人们的心就可以觉察到上帝的无形的意旨。正如火漆清晰地表明那上面用的是什么印章——尽管这印章本身始终没有出现，我们也必须通过可见的迹象来探求上帝的意旨；这也是毫不足怪的，因为即便是我们凡人的意念也只能通过迹象才会为他人所领会。

三

罗马民族是最高贵的民族。

关于这个问题，我的论点是：罗马人建立帝国，对世上一切人加以一元化的统治是合乎公理的，而不是篡权行为。对于这个论题，我首先作如下证明：最高贵的民族理应高居其他民族之上；罗马民族就是最高贵的民族；因此，它应该高居其他民族之上。大前提可用推理加以证明：因为"给予美德的奖赏是荣誉"，而一切高位都是荣誉，所以一切高位都是对美德的奖赏。但是，人们一致公认，人是因为具备美德才显得高贵，这倒不论是本人具备的美德还是先人具备的美德。因此，先哲亚里士多德在《政治学》一书中说：“高贵等于是美德加祖传财富。”[①]尤文那尔[②]说：“崇高的思想是唯一的美德。”[③]这两个说法指高贵有两类：本人的和祖先的。因此，理所当然的是，只有贵族才有资格获得作为奖赏的高位。奖赏应该根据功劳的大小，正如《福音书》上说的“种瓜得瓜，种豆得豆”，因此最高贵者获得最高的地位是恰当的。

小前提可以根据古人的论证加以证实。我们神圣的诗人维吉尔写的长诗《伊尼德》(*Aeneid*)，通篇赞颂光荣的罗马民族之父伊尼厄斯(Aeneas)，对他表示永远的怀念；同样地，那位叙述罗马人功绩的著名史学家提突斯·里维，用他的史书[④]的第一部分描写特洛伊(Troy)城的陷落。这里无须赘述这位不可征服者和虔诚的罗马民族之父是多么高贵，这不仅因为他本身就具备美德，而且因为享有继承权，他的家系以及同他通婚的女方的家系的贵族身份都集于他的一身。这里只须着重提出几点就足以说明问题。

关于他本人的高贵，请看诗人在《伊尼德》的第一卷是怎样通过伊利翁奈斯(Ilioneus)的祈祷来描绘伊尼厄斯的。他说：

“我们的王是伊尼厄斯，没有人比他更正直，没有人比他更虔诚，他英勇善战、举世无敌。”[⑤]

---

① 亚里士多德《政治学》IV. VIII. 9。——英译者

② 尤文那尔(Juvenal，60？—140?)——古罗马讽刺诗人。

③ 《讽刺集》(*Satires*) VIII. 20。——英译者

④ 指里维(Titus Livy，公元前 59—公元 17)所著《罗马史》(*History of Rome*)。

⑤ 《伊尼德》I. 544。——英译者

同样，请看第六卷，那上面记叙了米塞努斯(Misenus)之死；这个米塞努斯原先是替海克托(Hector)持盾的，在海克托死后，又侍奉伊尼厄斯。诗人说他“转而侍奉同样伟大的人”[①]，这样他对伊尼厄斯和海克托是同等对待的，而海克托则是荷马推崇为超群逸伦的人物。关于这一点，先哲亚里士多德在《伦理学》中描述劣根性的那一节中已经给我们指出过。[②] 说到伊尼厄斯的世袭贵族身份，那是世上的三大洲汇合起来促成的。在他那些较近的祖先中，有来自亚洲的阿萨拉库斯(Assaracus)和其他弗里吉亚[③]国王，因此，我们的诗人在第三卷中写道：

“诸神决心打乱亚洲的事务，打乱无辜的普里亚姆(Priam)家族的事务。”[④]

他的老祖先达达努斯(Dardanus)来自欧洲，而达达努斯最古老的非洲祖先是伊莱克特拉(Electra)，那著名的阿特拉斯(Atlas)王的女儿。关于这两位，诗人在第八卷中通过伊尼厄斯对伊万德(Evander)讲的话提供了证明，他说：

“达达努斯来到丢克里(Teucri)，他是伊里尤姆(Ilium)城的长老和奠基者；他是伊莱克特拉之子；伊莱克特拉，希腊人称为阿特兰提得斯(Atlantides)，伟大的阿特拉斯之女，也就是肩负着诸天体的那个伟大的阿特拉斯。”[⑤]

---

① 《伊尼德》VI. 170。——英译者

② 《伦理学》卷 VII. I. 1，引用荷马：《伊里亚特》XXIV. 258—259。——英译者

③ 弗里吉亚(Phrygia)——小亚细亚古国。

④ 《伊尼德》III. 1。——英译者

⑤ 《伊尼德》VIII. 134 ff。——英译者

就是这位诗人在第三卷中讴歌了达达努斯的欧洲血统：

"有一个地方，希腊人称之为海斯庇里亚（Hesperia），它是个古老的国家；那里兵强马壮，土地肥沃，定居着埃诺特里亚人（Oenotrians）；根据传说，他们的后代为了纪念自己的领袖把它定名意大利（Italy）；这是我们的真正故乡和达达努斯的诞生地。"①

阿特拉斯出身于非洲，这可从以他命名的山脉得到证明，而我们根据奥罗修斯②关于世界的描绘，确知阿特拉斯山是在非洲，因为奥罗修斯在说到非洲时写道："它的尽头是阿特拉斯山脉和弗丘那特（Fortunate）诸岛。"——这里说的"它"，指的就是非洲。

同样，我们还可以根据伊尼厄斯的婚姻来说明他出身贵族。他的第一个妻子是克留莎（Creusa），就是上面提到的那个亚洲的普里亚姆王的女儿。我们的诗人证明她是伊尼厄斯的配偶，因为在第三卷中，安德罗马克（Andromache）向伊尼厄斯询问他的儿子阿斯卡纽斯（Ascanius）时说：

"阿斯卡纽斯现在怎么样？他还活在世上吗？他是克留莎在烟雾弥漫的特洛伊城为你生下的孩子。"③

伊尼厄斯的第二个妻子是狄多（Dido），一位非洲女王，迦太基人的祖先。我们的诗人在第四卷中把她作为伊尼厄斯的配偶来歌颂，他写道：

"狄多不再隐瞒她的爱情。她把它称为婚姻，因而掩盖了自己

---

① 《伊尼德》III. 163 ff。——英译者

② 奥罗修斯（Orosius）——公元五世纪左右的基督教学者，生于西班牙，著有《反异教徒的历史》七卷。

③ 《伊尼德》III. 339。——英译者

的奸情。”[①]

伊尼厄斯的第三个妻子是拉文尼亚(Lavinia)。如果我们诗人在最后一卷提供的证明是可靠的话,她是拉提努斯(Latinus)王的女儿和继承人,阿尔巴人(Albans)与罗马人的祖先。在这一卷中,被征服的特努斯(Turnus)向伊尼厄斯乞求说:

“你已经赢得胜利,奥索尼亚人(Ausonians)目睹我手心朝上,拉文尼亚现在是你的妻子。”[②]

伊尼厄斯最后的这位妻子来自欧洲最高贵的地区意大利。

小前提有了这些证据,谁还能怀疑罗马人的祖先以及整个罗马民族是天下最高贵的人?谁还能不承认这三个大陆的血统的三重结合是天命所归的神迹?

四

奇迹表明上帝关怀罗马。

其次,凡是借助奇迹而达到目的的一切,都是合乎神意的,因此,也就合乎公理。关于这个真理,托马斯·阿奎那在他的论著《反异教徒大全》第三卷中做了说明:“凡由神明安排而超乎常理的事件即为奇迹。”[③]他在这里表示只有上帝能创造奇迹。这一点有

① 《伊尼德》IV. 171。——英译者

② 《伊尼德》XII. 936。——英译者

③ 圣托马斯·阿奎那(St. Thomas Aquinas):《反异教徒大全》(*Summa contra gentiles*)III. 101。——英译者

摩西的权威性言论为证；他告诉我们，在闹虱灾的时候，法老的那些擅长利用自然规律的术士们也一筹莫展，只能给自己辩解说："这是上帝的手段。"[①]如果真像阿奎那在上述那本著作引的许多例证所表明的那样，奇迹是无须使用辅助力量的造物主的直接行动，那么，只要某一人有什么大喜的事，要说这中间没有上帝的赞助和安排，那就是亵渎神明了。相反，只有承认这一点才是虔诚的。罗马帝国是靠神的干预和助力才得以建成的，因此，它就合乎神的意旨，而且它过去和现在之所以存在就是因为它合乎公理。

上帝运用奇迹创立了罗马帝国，这是得到著名作家证实了的。里维在他所著书的第一部分说：罗马人的第二个君王努马·庞皮留斯（Numa Pompilius）主持献祭仪式时，一块盾牌从天上落到上帝选中的城市上。卢坎[②]在他的《法萨里亚》（Pharsalia）一书的第九卷中也提到这一奇迹，他描写利比亚上空吹来一阵非常强劲的南风，他说：

"正当努马主持祭礼仪式，经过挑选的贵族青年所持的盾牌降落到他身上；这些人拿着我们的盾牌，一阵南风，或许是北风，把这些盾牌吹给了我们。"[③]

还有，当时高卢人已经攻下了罗马城的大部分，企图偷袭朱庇特（Jupiter）神殿以达到彻底毁灭罗马的目的；这时候有一只平时不引人注意的鹅高声告警，向神殿的守卫者报告高卢人快要到来。

① 《旧约全书出埃及记》第 8 章，第 16—19 节。

② 卢坎（Lucan，39—65）。——古罗马诗人

③ 《法萨里亚》IX. 477 ff。——英译者

关于这件事,里维和其他许多大作家的记述都是一致的。《伊尼德》第八卷在描写伊尼厄斯的盾牌的诗句里也提起这个事件:

"塔皮亚(Tarpeia)要塞的保卫者曼留斯(Manlius)站在最高处,守卫着朱庇特神殿;罗木卢斯(Romulus)的宫殿重修了殿顶,焕然一新。在金碧辉煌的门廊上装饰着一只鼓翅银鹅,这就是当初在高卢人逼近殿门时高声告警的那只鹅。"①

里维也在他的关于布匿战争的史书中记述了罗马与迦太基的作战;他提到另外一些业绩,例如,有一次罗马贵族抵挡不住汉尼巴尔②的攻击,眼看罗马城顷刻之间就要毁于迦太基人之手,突然间一阵大冰雹,劈头盖脑而来,使战胜的一方无法乘胜前进。还有,克洛丽亚(Cloelia)当时能够死里逃生,这不是奇迹吗?她在围城期间被波塞那③俘获;她虽然是个妇女,但借助神力,竟打碎了枷锁,游过了台伯河。难怪几乎所有的罗马史家都赞颂她了。

上帝预见到万事万物都有条不紊地安排在一个统一的体制之中,而他按照这个方式行事,那是非常恰当的;同时,他在奇迹中显身,也就是把无形变成了有形,又由于他本身是无形的,他才通过这些有形的事件显身,因此,这也说明,他的行事是非常恰当的。

---

① 《伊尼德》VIII. 652 ff。——英译者

② 汉尼巴尔(Hannibal,公元前247—前183)——迦太基的猛将,人称迦太基之狮。

③ 波塞那(Porsena)——伊特卢里亚(Etruria)古国的国王,曾与罗马人作战。

五

罗马政权的目的就是要取得共同利益。

但凡关心国民利益的人，事实上都会关心公理的目的。关于这一命题的正确性可证之如下：《法学汇编》(*Digest*)①一书所提供的公理的定义是："公理是人与人之间的一种真正的和个人的纽带，维护它就是维护社会，破坏它就是破坏社会。"这实际上不是公理的本质的定义，而是公理的用途的说明。尽管如此，这一定义还是很好地说明了公理在实践中意味着什么和包含着什么；同时，任何社会的目的在于它的成员的共同利益，因而公理的目的也必然是为了促进共同利益；所以，凡是不能促进的，就不可能是公理。西塞罗在他的《修辞学》(*Rhetoric*)一开始就说得很好："我们解释法律始终应当是为了促进国民利益。"因为，如果法律对于受制于它的人没有用处，那么这些法律就是名存实亡的。法律应为互利的目的把人们联系在一起，塞内加②在他的《四美德论》(*On the Four Virtues*)一书中说得非常正确，他说："法律是人类社会的纽带。"由此可见，关心国民利益就是关心公理的目的。那么，如果罗马人确实是追求国民利益的，那就可以说他们是忠于公理的。罗马人所作所为证明了他们征服全球确实是为了追求这一利益；因

① 公元六世纪罗马皇帝查士丁尼(527—565 年在位)下令汇编的五十卷《民法大全》(通常称为《查士丁尼法典》[*Justinian Code*])的一部分。

② 塞内加(Seneca，公元前约 4—公元 65)——古罗马哲学家。

为他们抛弃了那总是跟国民利益势同水火的一切贪欲而去寻求普世和平与自由;这个神圣的、虔诚的和光荣的民族,为了促进公共利益以拯救人类,简直不惜牺牲自己的利益。有句话说得很好:“罗马帝国源自虔敬之泉。”但是,既然我们无法直接考察自觉的行为者的意念而只能通过外部的迹象加以判断,同时,正如我说过的那样,既然我们必须按照这个论题的性质进行探讨,那么,我们如果能够把作为整体和作为个体的罗马人的动机的确凿迹象一一列举出来的话,我们就算为这场辩论提供了足够的论据。

罗马那些有组织的公共团体是把人们同国家结合在一起的纽带,关于这些团体,这里只需引用西塞罗《论公职》(*De Officiis*)一书的第二卷就足以说明:“只要国家的权力是基于维护而不是侵犯人民公益,那么发动战争的原因,要么是为了援助盟邦,要么是为了维护本身的权力;而战争的后果要不是比较轻微的话,那至少也是无法避免的。元老院是君王、臣民和民族的避难所。我们的官吏和将领赤胆忠心地保卫各省与盟邦,热望受到赞赏。因此,罗马的统治与其说是世界帝国,毋宁说是出于对世界的父亲般的关怀!”——要知道这些话是西塞罗说的啊!

现在我要简略地引证个别罗马人的情况。他们流血流汗,贫苦无告,惨遭放逐,子女丧失、四肢残缺,甚至牺牲性命,这一切全是为了造福公众,试问有谁能说他们不是关心公共利益的呢?辛辛那图斯①在

① 辛辛那图斯(Cincinnatus,公元前五世纪左右)——古罗马历史人物,在国家危难时领导人民破敌,功成后退隐田野。

完成使命之后自愿放弃公职，他这样做，不就为我们树立可敬的榜样了吗？里维记述了他怎样放下耕犁，成为执政者，而在获胜庆功之后，他又回到田间，赶牛扶犁，汗流浃背，终日劳作。在《论善恶之定义》一书中，西塞罗在贬抑伊壁鸠鲁[①]的同时，赞扬了辛辛那图斯并怀念了他的德行，他说："这样，我们的祖先把辛辛那图斯从田间请来，担任执政官。"[②]此外，法布里西尤斯[③]不是为我们树立了怎样摒弃贪欲的杰出榜样吗？他是个穷人，但他忠于公共利益，拒绝接受送给他的一大笔金钱，当时还说了许多嘲弄的话，恰当地表达了他对钱财的蔑视。我们的诗人在第六卷中用这样的诗句追怀他：

"法布里西尤斯，人穷志不穷。"[④]

还有加米鲁斯[⑤]把法律置于个人利益之上，他难道不是一个值得我们纪念的榜样吗？按照里维的叙述，他是个判了罪要流放远方的人，后来他挽救了祖国，并把战利品全部奉还罗马，受到全体人民的称颂，这时他却离开这个神圣的城市，直到获得元老院的准许才返回。诗人在第六卷中歌颂了他的伟大人格，称他为"奉还权杖的加米鲁斯。"[⑥]

第一位勃鲁突斯[⑦]为了国家的自由而贡献出自己的子女和一

① 伊壁鸠鲁(Epicurus，公元前342—前270)——古希腊哲学家。
② 《论善恶之定义》(De Finibus Bonorum et Malorum)II.4。——英译者
③ 法布里西尤斯(Fabricius，公元前三世纪)——古罗马执政官。
④ 《伊尼德》VI.843。——英译者
⑤ 加米鲁斯(Camillus，公元前四世纪)——古罗马军事将领。
⑥ 《伊尼德》VI.825。——英译者
⑦ 勃鲁突斯(Brutus)——古罗马共和国奠基人，公元前509年担任执政官。

切心爱的东西，他难道不是我们的表率吗？里维记述了他作执政官时，不得不将自己的儿子们判处死刑，因为他们犯了通敌罪。我们的诗人在第六卷中表彰了勃鲁突斯，他写道：

“一个父亲，发现自己的儿子阴谋发动新的战争，为了美好的自由，他把他们处以极刑。”[①]

穆修斯（Mucius）对国家无限忠心，这难道不令人感动吗？他抓住时机，企图刺杀波塞那；而一旦事败，他眼看自己那只没有击中目标的手被火烧着，好像在看一个敌人在受刑。里维在讲述此事时对他表示敬佩。

还有那些最受崇敬的殉难者。迪修斯家族为了公共利益献出自己的生命，里维对他们的歌颂虽然也尽其所能了，但仍然不足。还有马克斯·加图[②]这位追求真正自由的严峻的卫士，他的献身精神是笔墨所难以形容的。迪修斯家族为了国家的利益，能够面对死亡的阴影而无所畏惧；加图则为了激发世人对自由的热爱，表现出他高度珍视自由，所以他宁可慨然抛弃生命也不肯作为奴隶而活着。西塞罗颂扬了这些殉难者的英名；他在《论善恶之定义》中写道：“普勃留斯·迪修斯（Publius Decius）是他家族第一个当执政官的人；当他不惜牺牲，催马迎着敌人的长矛猛冲过去的时候，难道他还盘算着什么时候和在什么地方能寻欢作乐？难道他不是明知自己此战必死而追求最光荣的死？难道他这种献身的热情不是在伊壁鸠鲁追求享乐的热情之上？他的这些作为如果不值

① 《伊尼德》VI. 820。——英译者

② 马克斯·加图（Marcus Cato，公元前234—前149）——古罗马政治家。

得赞颂的话，他那位连任四届执政官的儿子就不会学他的榜样了。还有他的孙子，也是一位执政官，他继承家族的传统，也把生命献给社会，在对皮鲁斯[①]作战时牺牲了。”[②]西塞罗在《论公职》一书中这样评论了加图：“加图的情况跟那些跑到非洲投奔恺撒的人不能相提并论；如果那些人自杀了，这可以理解为一生放任不羁的结果，而加图的本性却是非常严肃的，这种严肃性始终贯穿在他的品格之中，他时刻记住自己的决心，宁死不向暴君低头。”[③]

现在有两点已经确定下来：第一，凡是追求国民利益的人也就是追求公理的目的；第二，罗马人通过征服世界，以追求公理的目的。现在，我们必须证明，凡是追求公理的目的的人，其行为都是正当的。我们已经在上面证明，罗马人通过征服世界，追求公理的目的。现在我们必须证明，罗马人征服世界的行为是正当的，因此它有权享有帝国的尊严。要得到这个结论，我们就要先证明凡是追求公理的目的的人，其行为都是正当的。在这方面，第一点要提出的是，凡是存在的东西，都有其存在的目的，否则就是废物，如前所述，这实际上也是不可能的。那么，正如每样东西都有其目的，每个目的也都有各自的以它为目的的东西。因此，如果有两样确实是不同的东西，它们就不可能有同一的目的，否则，就只能说其中之一是废物，而这样说是站不住脚的。我们既然已经证明公理的目的是存在的，我们就必须承认公理的存在，因为公理的目的是

① 皮鲁斯（Pyrrhus，公元前319—前272）——希腊境内埃皮鲁斯（Epirus）王国的国王，以战功闻名，但也为此付出了惨重代价。

② 《论善恶之定义》II. 19。——英译者

③ 《论公职》I. 112。——英译者

公理要取得的特殊的和专有的效果。再者，在任何因果关系中总是前因包含后果（正如人类包含动物），无论在肯定命题或否定命题中都是如此。要撇开公理而寻求公理的目的是不可能的，因为目的与手段的关系犹如后果与前因的关系，正如不注意健康就不能达到健康的状态。这就清楚不过地表明，追求公理的目的意味着要正当地去追求。

企图引用先哲亚里士多德[在《伦理学》中]论述“忠告”的一段文字来驳倒我们的论点是办不到的。先哲当时说：“通过站不住脚的三段论法也可能达到正确的结论，虽然这种结论是不能真正确立的，因为这中段的提法必然意义含混。”如果说一个正确的结论是从错误的前提中推断出来，那么这个结论不会真正是推断出来的，它之所以正确，在于命题的表述，而不在于它是根据论证得出的结论。因为正确的结论绝不会得自错误的前提，尽管真话可以从谬言中引出。在实践方面也是如此。如果一个贼拿所窃之物去救济一个穷人，这不能说是真正的救济；如果他施舍的是自己的财物，那就是救济了。在公理的目的这个问题上也是如此。这是因为，如果公理的目的即共同利益是不正当地取得的，那么它仅仅因为与共同利益在事实上偶合才成其为公理的目的，也就是说，它是在所窃之物可以拿来施舍的含义上成为公理的目的。因此，只要我们记住公理的目的是存在的而不仅仅是记住它的表面现象，那就无法反对我们的命题。因此，我们的论证就站得住脚了。

六

罗马人的统治能力表明，他们的统治权是天命所授的。

自然界的秩序是靠公理来维持的。因为，人类给自己提供的必需品不可能超出自然界所能提供的程度，否则结果将超过原因，而那是不可能的。例如我们看到，执政者在委任官吏时不仅要考虑到每个官吏在整体中的特殊使命，而且还要考虑到每个人在完成其使命时的个人才能，这就是说，考虑到全体官吏和个别官吏所承担的职责，因为责任或权力不能超出执行的能力。自然界的秩序同样是精心安排的。因此，自然界对万物的安排分明是根据万物本身的机能而定的，而公理这一基本原则也渗透到万物的本性之中。由此可见，缺乏合理的行动就不能维持自然界的秩序，因为这一秩序是与公理的基础不可分割地联结在一起的。因此，自然界的秩序也就靠公理来维持。

罗马人生而治人。这一点可证明如下：一个艺术家如果只关心最后的成品而忽视创造它的手段，那他就不是一个完美的艺术家；然而大自然是不会不完美的，因为它是神的智慧的结晶；故此，它要采取达到最终目的所必需的一切手段。既然人类的存在有其目的，而自然界又必须运用手段以实现其普遍目的，那么，自然界势必要促使人类实现其目的。先哲亚里士多德在《物理学》第二卷中有力地论证了这一命题，他指出大自然的运动总是朝向一个目的。既然大自然不可能通过一个人实现其目的——这是因为它的许多事业需要很多人去做，那么它必然要为各种各样的职能创造出许多人来。由于这一切十分复杂纷繁，因而除了上天的助力之外，还需要尘世的各种力量和才能。所以我们看到的不仅是个别人而且是整个民族的诞生，其中有的宜于治人，而有的就是要治于人或侍奉人。先哲亚里士多德在他的《政治学》一书中指出这一点；如他所说，那些生而治于人的人不仅理应受人统治，而且强迫他们服从统治也是有理的。

面对这些事实，我们无疑是可以肯定，大自然注定了世界某一地区的一个民族来一统天下，否则，大自然就会有所欠缺，而那是不可能的。至于哪个地区的哪一民族注定要一统天下，根据上述的和下面还要讲到的理由表明，罗马及其公民是注定了的。我们的诗人在第六卷中微妙地暗示了这一点，请看安柴西斯（Anchises）对罗马民族之父伊尼厄斯发出的预言：

“我很清楚，另外有些人更加灵巧，能够在铜器上雕出生龙活虎的形象，在大理石上凿出栩栩如生的面容；还有一些人则在诉讼中更有辩才；另一些人能够精确地说明天体运行，计算行星出现的年份。可是，罗马人啊，你要记住，你是要统治各民族的。这就是你的技艺。你应该奉行安居乐业的方针，对顺从者宽容大度，对骄横者铁面无情。”①

在该书的第四卷中，诗人通过天神朱庇特向信使神墨丘里（Mercury）谈到伊尼厄斯的一段话，暗示了罗马人的所在地：

“美丽的母亲维纳斯（Venus）把伊尼厄斯许给了我们，两次从

① 《伊尼德》VI. 847 ff。——英译者

希腊的武士手中将他救出，那是为了让他统治意大利——这块土地，诸邦争夺，战祸连年。”①

根据以上这些理由，我们有充分根据说罗马人是天生的统治者；因此，罗马人征服全球，是凭借公理而取得世界统治权的。

七

多种方式的神旨和神启。

为了实现我们所追求的真理，我们必须明白，主宰世事的神旨有时显露，有时则隐蔽。它可以通过两种方式给予启示，即通过理智或通过信仰。上帝的某些旨意可完全凭借人的理智来实现，例如个人应为国献身这样一种旨意便是如此。如果说部分应服从整体而个人也是社会的一部分，那么一如先哲亚里士多德在《政治学》一书中所指出的那样，个人应为国献身，这和小义应服从大义的道理是一样的。先哲亚里士多德在《伦理学》一书中说：“为他人服务乃一大乐事，而为民族或社会服务则更是高出一筹，有如天使。”这是上帝的旨意；若非如此的话，则人类正常的理智就无从服务于自然的目的，而这是不可能的。

上帝另有一些旨意则单凭人类理性本身是认识不到的，那要凭借信仰《圣经》的教导才能做到。例如，任何人不论在道德和智力、性格和行为方面有多么完美，要是没有信仰也不能得救；即使

① 《伊尼德》IV. 227 ff。——英译者

他从未听过基督的名字也是一样。单凭人类理智,那看来似乎不公平,但凭借信仰就能认识到正是这样。因为《希伯来书》写道:"人非有信,就不能得上帝的喜悦。"①《利未记》写道:"凡以色列家中的人宰牛宰羊,不论宰于营内营外,若未牵到圣幕门口献祭耶和华,流血的罪必归到那人身上。"②这里圣幕门口是比喻基督,因为《福音书》中指出基督就是我们进入天国之门;而屠宰牲畜是比喻人类的一般行为。

上帝的隐蔽的旨意是人类理智无法凭借自然法则或《圣经》教义所能掌握的;而只能靠蒙受特殊的神恩。这可能采取多种方式,但总不外乎单纯的神启和经过考验的神启。单纯的神启又分两种,一是上帝自发的启示,一是对祈祷的答复。上帝自发的启示也分两种,一是明确的启示,如启示撒母耳反对扫罗;一是显露迹象的启示,如向法老显露拯救以色列的迹象。《历代志下》的作者说明了对祈祷的回答:"当我们束手无策的时候,我们只有把目光转向你。"经过考验的启示也分两种:一是通过抽签,一是通过竞争,因为竞争也是一种考验。上帝的旨意有时可以通过抽签来昭示,如马提亚的入选就是一例③。通过竞争确定上帝的旨意又分两种,一是通过格斗,如斗士之间的决斗;一是通过竞赛,如运动员之间赛跑,几个对手争先到达终点。这类竞争的第一种形式的象征是异教传说中赫古力士(Hercules)与安太(Antaeus)的决斗,这在

① 《新约全书希伯来书》第 11 章,第 6 节。

② 《旧约全书利未记》第 17 章,第 3 节。

③ 《新约全书使徒行传》第 1 章,第 26 节:"于是众人为他们摇签,摇出马提亚来,他就和十一个使徒同列。"

卢坎的《法萨里亚》第四卷和奥维德[①]的《变形记》第九卷中均有记载。第二种形式的象征是亚特兰大(Atlanta)与希波米涅斯(Hippomenes)之间的竞赛,这在《变形记》第十卷中也有记载。

我们必须注意这两种竞争形式的区别:在格斗中,对手就是施展任何有利于己的手段也不算犯规;而在竞赛中则不容许破坏公平的原则,因为运动员是不许犯规的。虽然我们的诗人在第五卷中让尤里阿鲁斯(Euryalus)获胜似乎赞成犯规行为,但根本道理不变。因此,在这方面还是西塞罗更公正;他在《论公职》的第三卷中重申克里西普斯(Chrysippus)的见解,驳斥了赞成犯规行为的论调;他说:"克里西普斯说得对:'在运动场上赛跑的人应该竭尽全力争取优胜,只是不能犯规。'"

现在我们记住了这些区别就可以从两个方面论证我们的命题,其一是根据体育竞赛,其二是根据斗士之间的格斗。现在我们就加以论证。

八

根据神的旨意,罗马人在争夺世界统治权的竞赛中占了上风。

在争夺世界统治权的竞赛中,取胜的民族是凭上帝的旨意取胜的。因为上帝关心普遍性竞赛的结果甚于专门性竞赛的结果;

① 奥维德(Ovid,公元前43—18)——古罗马诗人,代表作为叙事诗《变形记》(Metamorphoses)。

如果在专门性竞赛中运动员凭上帝的旨意取胜(正如格言所说:"上帝让谁得胜,就让彼得祝福他"),那么毫无疑问,在争夺世界统治权的竞赛中,胜负之数更是取决于上帝的旨意。罗马人在竞赛中赢得了世界统治权的奖赏。要说明这一点,让我们回顾一下各种各样的竞赛者,考虑一下他们所争夺的奖赏或目标。这种奖赏或目标就是对世人的统治,这正是帝国政权的含义。但是,除了罗马人,还没有任何人达到过这个目标;我们现在就要阐明,罗马人不仅是第一个,而且是唯一的一个跑到竞赛终点的。第一个试图达到这个目标的世人是阿叙利亚(Assyria)王尼努斯(Ninus)。按照奥罗修斯的叙述,该国王在九十多年的时间里,以王后塞米拉米斯(Semiramis)为助手,企图以武力统治全世界;他确实征服了全亚洲,但从未到西部的边远地方。奥维德在第四卷中提到这两位统治者,书中的皮拉穆斯(Pyramus)说:

"塞米拉米斯用砖墙包围全城……"

后面又说:

"他们将在尼努斯的墓旁会面,藏在树荫下。"①

第二个热望达到这一目标的是埃及王伏索格斯(Vesoges)[拉米西斯二世]。按照奥罗修斯的叙述,他征服亚洲的南部与北部,但其控制的范围从未达到半个世界之大,因为西迪亚人挫败了他的野心,迫使他半途而废。此后,波斯王赛路斯(Cyrus)也作一番尝试。他焚毁了巴比伦城,兼并了巴比伦帝国,但他还未到达西方,就死在西迪亚女王塔米里斯(Tamiris)之手,他的计划也随之

① 《变形记》IV. 58 及 88。——英译者

而付诸流水。后来，达留斯（Darius）之子，波斯王薛西斯（Xerxes）动员了空前规模的兵力大举进攻，他在塞斯托斯（Sestos）与阿比多斯（Abydos）之间架桥渡过了分隔亚洲与欧洲的海峡。卢坎在《法萨里亚》第二卷中提到了这一惊人的成就，他写道：

"故事说的是骄傲的薛西斯怎样在水上筑出路来。"①

尽管如此，他最后还是遭到惨败，未能完成他的大业。接着是马其顿王亚历山大，他眼看就要获得统治世界的荣誉，实际上他已经遣使前往罗马招抚，但在接到他们的答复之前，他就已身死埃及，留下了未竟之业。里维叙述了这一史实；卢坎在第八卷中谴责埃及王托勒米时，曾提到亚历山大殡葬在那个国家，他写道：

"你，拉古斯（Lagus）族衰落的末世子孙，行将消亡，你的权杖将传给你那乱伦的姊妹，而在你的邻近，那位马其顿人将在他的圣穴中安息。"②

"啊，上帝的智慧高深莫测。"谁在你面前敢不俯首听命？亚历山大当年与罗马竞争，你挫败了他，使他难以再妄自尊大。

罗马啊！她在这场竞赛中获得了胜利的桂冠，这有大量的见证，我们的诗人在第一卷中唱道：

"流转的岁月必将为罗马人孕育其领袖，他们来自更新的特洛伊血统，他们将统治陆地和海洋。"③

卢坎在第一卷中说：

"刀剑分裂了那强大民族的帝国，他们曾拥有整个地球上的陆

① 《法萨里亚》II. 672 ff。——英译者

② 《法萨里亚》VIII. 692 ff。——英译者

③ 《伊尼德》I. 234 ff。——英译者

地与海洋；命运之神不容许像这样的两个民族并立争雄。”①

包修斯在第二卷中这样描写罗马皇帝：

“太阳神无论在它驱车入海的西方，或在它再次腾空而起的边远的东方；或在那冰天雪地、寒气逼人的北方，或在那疾风如火，沙漠炎热炙人的南方，都可以看到手执权杖的罗马皇帝所统治的世人。”②。

基督的《福音书》作者路加一向面传真理，他也提供了同样的见证，他写道：“该撒奥古斯都发布命令，统计世界人口”；从这一番话，我们显然可以了解到当时罗马人是有权统治全球的。

以上所述证明：罗马人在一场真正的竞赛中挫败了其他选手，因此它是凭神的旨意取胜的，它有权获得胜利之果。

九

罗马通过考验赢得了世界统治权，是理所应得。

在非竞技性格斗中取胜也可能是合理的。因为当人类处于愚昧无知之际或由于没有裁判者而无从判断之时，为了拯救正义免遭践踏，不得不求助于热爱正义和具有献身精神的人。因此《诗篇》中唱道：“耶和华是公义的，他喜爱公义。”③这样，有关双方都自愿同意，不是出于仇恨而是为了追求正义，竭尽智力和体力互相

---

① 《法萨里亚》I. 109 ff。——英译者

② 《哲学的安慰》II。——英译者

③ 《旧约全书诗篇》第 11 篇，第 7 节。

较量，以此探求神的旨意。这种争斗通常称为决斗，因为它的最早形式是由两个斗士交手。当然我们要记取这个告诫，即首先必须尽一切可能像在论战中一样采取讨论的方法解决争端，最后不得已才诉诸武力。关于这个问题，西塞罗在《论公职》一书中和维盖蒂乌斯(Vegetius)在《军事概述》(*Re Militari*)一书中的阐述是一致的。正如在医药中，只有在其他一切药物医治无效时才使用刀和火；同样在争论中，我们要使尽其他一切可能的办法辨明是非，直到最后才采取这一手段，这表明我们是为了追求正义，才不得不如此。

因此一场决斗就有两个符合正规要求的特点：首先，一如我们刚才所说，要到最后才采取诉诸武力的手段；其次，如前所述，决斗既不是出于爱也不是出于恨，决斗者之所以进行决斗，仅仅是出于对正义的热爱，同时也是出于共同的愿望。关于这个问题，西塞罗说得好："为争夺皇冠而进行的战争不应出于仇恨。"如果一场决斗符合正规要求(否则，这场斗争就不成其为决斗了)，同时双方之所以交手是因为要追求正义和出于共同愿望以表示他们对正义的热衷，那么，难道他们不是以上帝的名义才交手的吗？既然如此，难道上帝不是如他在《福音书》中向我们所许诺的那样，就在他们中间吗？如果上帝在场，那么认为如上所说的热爱正义者不能伸张正义，岂不是亵渎神明吗？如果这类决斗不会扼杀正义，那么取得决斗的胜利难道不是合理的吗？这个真理甚至在《福音书》传播以前就为异教徒所承认，他们曾以决斗胜负来判明是非。例如，大名鼎鼎的皮鲁斯在血统和品行上都不愧为艾西忒(Aeacidae)的真正的后代，所以在罗马使者前来谈判赎回战俘一事，他回答得十分得体："我不贪图金钱，你们也不必出价。我们不是战争贩子而是战

斗者。我们要凭刀剑而不是金钱来决定谁死谁活。让我们借勇气去领悟希拉(Hera)的旨意,决定由谁来当统治者。凡借勇气而幸存的人肯定能从我这里获得自由。我把他们交给你们带走。”皮鲁斯以这些话祈求希拉、即命运女神保佑,而我们也可以把这样的见解更恰当地称之为神的旨意。

鉴于上述理由,斗士们切记不要贪图钱财去为某一争端而战,否则就会把一场考验变成一个买卖鲜血和非正义的市场。如果真是如此,他们就不要认为上帝在给他们作评判,而宁可认为是他们的宿敌在挑拨他们去打斗。如果他们想成为斗士而不愿堕落为买卖鲜血和非正义的贩子,那么他们就要永远记住皮鲁斯的榜样并把他的话铭刻在竞技场的大门上,因为如前所述,皮鲁斯在参加争夺世界统治权的竞赛中是轻视金钱的。如果有人抱着老生常谈的见解以双方力量悬殊为理由来否定以上真理,他只要看看大卫战胜哥里亚的例子就会明白。如果异教徒宁愿要另一种非基督教的例证,那就让他们想想赫古力士战胜安太的事例。倘若以为上帝所支持的力量敌不过专业选手,那未免愚蠢可笑。

现在已经充分说明:通过格斗取胜,可能是合理的。

十

通过一对一的格斗,罗马人赢得那“有公义的冠冕”是合乎公理的。

罗马人是通过一对一的格斗获得世界统治权的。这可以找到许多可靠的见证人来加以证实；他们会指出，早在罗马帝国初期，就有通过决斗解决问题的先例。如最早有一次，伊尼厄斯与鲁突利（Rutuli）王特努斯发生关于确定罗马民族之父伊尼厄斯身份问题的争执，于是两位王决定进行决斗来探求神的旨意。《伊尼德》最后一卷讲了这个故事。根据诗人的叙述，胜利者伊尼厄斯宽宏大量，本想饶恕战败者的性命并与他媾和，只是后来发现特努斯系着他杀死了伯拉斯（Pallas）之后夺来的腰带才改变初衷。后来特洛伊家族的两个支系，即罗马人和阿尔巴人，在意大利兴旺起来，他们之间长年打斗，争夺以鹰徽为标志的权力，争夺供奉特洛伊家族诸神的权力以及享有至高尊严的权力；于是，这两个家族为了听取上帝的最后裁决，一致同意由霍拉蒂乌斯（Horatius）三兄弟为一方，库里亚蒂乌斯（Curiatius）三兄弟为另一方，在两个王和双方人民面前进行一场公开的决斗。阿尔巴的三个选手都战死了，罗马的选手也死了两个，这样霍斯蒂留斯（Hostilius）主治下的罗马人荣获了胜利的桂冠。里维在他的《罗马史》第一部分中详细描写了这一事件，而奥罗修斯的记述也和《罗马史》相一致。尔后，里维又讲到与邻近的萨宾人（Sabines），萨姆奈人（Samnites）的战斗，这些战斗都恪守战争的公理和一对一格斗的规则，即使参战的人数众多也是一样。像同萨姆奈人作战当中，只要事态稍有转折，就会引起命运之神改变主意，另作安排。卢坎在他的第二卷中引述了这个例证，他写道：

“在那生死攸关之际，世界统治权的宝座几乎易主，科莱因（Colline）城门不知运进了多少尸体！这时候，萨姆奈人本希望罗

马的伤亡更大一些，超过他们当年在考定山谷[1]所受的打击。”[2]

意大利各民族之间的这些纷争刚刚获得解决，罗马又为了在多次战斗中博取上帝的欢心，击败了希腊人和迦太基人，赢得了统治世界的光荣。这些胜利就像是罗马人的斗士法布里西尤斯战胜了希腊人的斗士皮鲁斯，意大利人的斗士西皮奥（Scipio）战胜了非洲人的斗士汉尼巴尔。关于非洲人败于意大利人，里维和其他罗马史家都有记载。

现在，谁还会那么迟钝，看不到这个光辉的民族通过考验合理地为自己赢得了统治世界的王冠？罗马人完全有资格说使徒对提摩太说过的话：“有公义的冠冕为我存留”[3]，就是说，根据上帝永恒的旨意留着的。那些妄自尊大的法学家现在应该知道，比起能够看到上述真理的人类理性的瞭望塔，他们是多么低矮。他们还是免开尊口，少管闲事，好好去解释他们那些法律条文的规定和含义吧。

我们已经证明：罗马民族通过考验获得了帝国，因此是合乎公理的；这正是本卷所论证的命题。到此为止，我们的论证主要是根据理性的原则；现在我们就根据基督教信仰的原则来论证我们的命题。

---

① 考定山谷（Caudine Forks）——在公元前321年的一次战役中，罗马军队在此向萨姆奈人投降。

② 《法萨里亚》II. 135 ff。——英译者

③ 《新约全书提摩太后书》第4章，第8节。

十一

基督降生表明罗马的统治权是神授的。

那些自称为基督教卫道士的人，自己首先就起来闹事，妄图弄虚作假，反对罗马的权威。他们不仅对基督的穷人没有一点怜悯心，反而利用教会税收诈骗穷人；他们经常私吞教会财产，使教会财力枯竭。他们假装公正，实际上是排斥公正的人。这种掠夺逃不过神的制裁，因为教会的经费没有用在理应救济的穷人身上，罗马皇帝虽然发放了救济金，也得不到应有的感激。这些救济金理应归还原主！这些钱总是有去无回；因为给钱的人虽然慷慨，花钱的人却很随便。但是，上述的那些卫道士才不管这些呢！只要他们的亲友发财，教会的财产怎么浪费也跟他们无关！不过我们最好还是回到我们讨论的本题，虔诚地静候救世主的帮助！

我认为，如果罗马帝国的存在不合理，那么耶稣的诞生就意味着非正义了。这样的结论自然是错误的，因此它的前提的反面倒是正确的，因为对立的命题总是一个正确而另一个错误。以上结论的错误无须向信徒们加以证明，因为每个信徒都必然会认为那样的命题是错误的。如果他不这样看，他就不成其为信徒了。如果他不是信徒，他对这个论证就不会感兴趣。我们的论证如下：凡自愿服从某项法令者都以自身的实际行动证明自己认为此项法令是公正的；这是因为既然行动是比语言更有力量的论证(关于这一点,亚里士多德在《伦理学》一书的末篇曾提及),他用行动作证就比他用言语作证更有说服力。而基督,正如他的传道师路加所证实,自愿托胎于圣母玛丽亚,降生在罗马的政权下,以便他这位下凡的圣子可以作为人登记在人类那特殊的户籍簿中;由此可见,基督承认了罗马统计世界人口的法令。当然,更为虔敬的说法应是:罗马皇帝按照神的决定颁布了这项法令,为的是让世世代代所盼望出现于尘世的救世主可以置身于世人的行列。因此,基督通过他的降世表明,在罗马人统治时期,奥古斯都颁布的这项法令是有充分根据的。颁布法令这一行动自然意味着颁布者具有司法权,由此可见,基督是承认罗马皇帝的司法权的,因为颁布正当的法令必须具备司法权。我们可以看到,以上论证的任何形式都足以推翻前面提到的错误结论,但是这一论证运用三段论的第二种(否定)形式比第一种形式似乎更为有力:

一切不公正的行为都是假证,

基督不作假证,

因此基督没有为任何不公正行为作证。

而运用第一种形式则是:

一切不公正的行为都是假证,

基督犯有某种不公正行为,

因此基督做了假证。

十二

基督服从罗马法令同样表明罗马的统治权是神授的。

如果罗马帝国的存在不是理所应当，亚当的原罪就不会在基督身上受到惩处。但是，这个结论是错误的。因此，它的前提的反面倒是正确的。上述结论显然错了，其理由如下：由于亚当犯的罪，我们现在都成了罪人，正如使徒所说："这就如罪是从一人入了世界，死又是从罪来的，于是死就临到众人，因为众人都犯了罪。"[①]那么，如果不以基督的死来赎此罪，按照我们堕落了的本性，我们仍然是罪孽之子。然而事实并非如此；因为使徒保罗在《以弗所书》中写道，上帝"按着自己意旨所喜悦的，预定我们，借着耶稣基督得儿子的名分，使他荣耀的恩典得着称赞；这恩典是他在爱子里所赐给我们的。我们借这爱子的血，得蒙救赎，过犯得以赦免，乃是照他丰富的恩典，这恩典是上帝用诸般智慧聪明，充充足足赏给我们的。"[②]此外，按照使徒约翰的记载，基督自己在忍受惩罚时说："成了。"[③]既然成了那就无须做什么了。

要理解这话的意义，我们必须懂得，惩罚不仅仅是处罚不法行为，而且要有掌握刑事司法权的人来处置。因此，由一个不合格的法官来处置非但不是惩罚，那简直是不法行为。所以，有人问摩

① 《新约全书罗马书》第 5 章，第 12 节。——英译者

② 《新约全书以弗所书》第 1 章，第 5—8 节。——英译者

③ 《新约全书约翰福音》第 19 章，第 30 节。

西："是谁封你为我们的法官的？"这样，如果耶稣受刑不是出于有资格的法官之手，他当时受刑就不算是惩罚。而那个法官除非对全人类具有权威，否则就不算有资格，因为正如先知所说：基督身上担负着所有"我们的苦难"，所以一切人都通过他而受罚。如果罗马帝国的存在不合理，那么，彼拉多[①]所代表的罗马皇帝提比留斯（Tiberius）就不可能掌管全人类的司法权。这就是为什么像路加在他的《福音书》中所叙述的那样，希律（Herod）王在无意中把基督送回给彼拉多审判，就像该亚法（Caiphas）在无意中说中了天意一样。因为希律王是在提比留斯手下而不是在以鹰徽为象征的元老院的权力下进行治理的；他当时是由提比留斯指派的一任，辖着一个特别省，他掌握着那个省的大印。

因此，那些自称教会之子的人还是停止责备罗马帝国吧，他们应该看到，基督——教会的佳婿——在他战斗的一生开始和结束都承认了罗马的权威。现在我认为已经很清楚，罗马民族获得世界统治权是合乎公理的。啊，幸福的民族！假如削弱了你的威力的康斯坦丁（Constantine）从未出世或不曾被他的虔诚意念引入迷途，那你至今还是光辉灿烂的啊！

① 彼拉多（Pilate）——把耶稣交付犹太人钉十字架的法官。

卷　三

尘世的君主统治权直接由上帝赐予而非来自罗马教皇

一

本卷提出的论点必然会触怒罗马教皇。

“上帝封住狮子的口，叫狮子不伤我：因我在上帝面前是正直的。”[①]在这部著作的开头，我们说过要尽可能恰如其分地解答三个问题，其中的两个问题我相信在以上两卷中已经做了充分的阐述。现在余下的是论证第三个问题，这个问题的真实答案也许会把那些不敢面对真理的人的愤怒引到我头上来。但是真理从它不可动摇的宝座上召唤我，要我像所罗门王进入格言之林那样，目光凝视真理而蔑视那些亵渎真理的诽谤者。先哲亚里士多德——道德的宣扬者也鼓励我们，为了真理甚至可以牺牲友谊。因此，我从

① 《旧约全书但以理书》第6章，第22节。——英译者

但以理上述的话获得了勇气;那句话表明,神的力量守护着真理的卫士;我还遵循使徒保罗的忠告,用信仰武装自己,并带着六翼天使从天国祭坛上取来的炭火——他就是用这炭火点了以赛亚的唇的——这样,我进入了竞技场,要在众目睽睽之下把邪恶的说谎者扔出界外。我有何畏惧?与圣子永远共存的圣父之灵通过大卫之口说:"义士会永远受到纪念,他不害怕凶恶的消息。"①

我们现在要考察的论题是如何区分两个伟大的光体,即罗马教皇与罗马帝王。我们曾在第二卷指出,罗马统治者凭法权统治世界,但他的权威究竟是直接来自上帝,还是通过上帝的代理人?我所谓的上帝代理人是指真正掌握天国钥匙的彼得的继承人。

二

但凡不是顺应自然的,都不符合神的意旨。

在提出这个问题时,我们必须像在前两卷中那样确立某个原理,因为我们的论据可以依靠这个原理的力量获得正确的结论。如果缺乏先设的原理,探讨就会徒劳无益,即便是陈述真理也是如此,因为我们立论所用的一切中名词全都来自一个原理。那么,让我们先行确立下面这一条为无懈可击的真理:凡是违背大自然的就不符合上帝的意旨。如果这一条不是真理,那么它的反面就不成其为谬误,即"违背自然的并不是不符合上帝的意旨"。如果这

① 《旧约全书诗篇》第112篇,第6—7节。——英译者

不算谬误，它的后果也就不算谬误了；因为事物必然是互相联系的，只要前因不是谬误，后果也就不可能是谬误。

所谓“不是不符合意旨”必然有两种可能的结果：或者是“符合”或者“根本谈不上符合不符合”，正如“不恨”的意思，或是指“爱”，或是指“谈不上爱不爱”因为“不爱”不一定就是“恨”；同样，“不愿意”不一定是“反对……”这是很明显的。如果以上推论不算谬误，那就可以说，“凡是不符合上帝意旨的都符合上帝的意旨”，然而再也没有什么比这更荒谬的了。

为了证明我的话，我断定，凡是大自然要达到的目的，都符合上帝的意旨；如果不是这样，那就等于说，天体是徒劳地运行，然而谁也不会这样说。如果上帝真有意要阻碍大自然达到这一目的，那么他就会下决心使这一目的受到阻障；否则他的意旨就落空了。既然阻碍的目的是要消灭被阻碍的东西，那么人们就会推断大自然要达到的某一目的不再存在是符合上帝的意旨的（而我们说过，凡是大自然要达到的目的，都符合上帝的意旨）。

另一方面，如果上帝无意阻碍大自然的某一目的之实现，也就是说，他对这方面没有表示出他的意愿，那么我们不妨推断，无意这样做只不过说明他并不在乎是否一定要进行阻碍。但是一般地说，人们要是对某一阻碍不在乎也就是对阻碍的目的不在乎了；因此，他的意愿并不包含这种目的，而凡是不包含在他的意念之中的东西，他就无意去做。如果大自然所要达到的某一目的可以而且在事实上受到阻碍，那就是说，不符合上帝的意旨，这就与另一例（关于“不符合意旨”的两可解释）得出同样的结论：凡是不符合上帝意旨的都符合上帝的意旨。

由此可见，如果一个命题从它的反面能引出此等谬误，那么它本身必然是千真万确的真理。

三

教会的权威并不取决于传统；相反地，传统的权威却取决于教会的权威。

在着手研究这个问题时，我们应该了解，探讨关于第一个问题的正确答案，与其说是为了解决争议，不如说是为了摆脱无知状态，而关于第二个问题，则可以说半是为了摆脱无知状态，半是为了解决争议。对于许多事物我们是无知的，但我们并不对之进行争论，如几何学家不知道怎样把圆改为方，但是他们也并不因此而去争论这个问题；神学家不知道总共有多少天使，但他们也不因此而去争辩这个问题；埃及人不知道西迪亚人的文明，但他们也不去辩论这个问题。然而，关于我们现在要探讨的第三个问题，我们对此之所以无知，主要是因为我们之间存在争论，而通常的情况则是，我们之所以争论，主要是因为我们无知。往往有这么一种人，他们的意欲远远地超出理性的判断力，所以他们一发脾气，就要失去理性；而且他们实际上是盲目地受脾气所驱使，同时又固执地否认自己的盲目性。结果，他们的谬误不仅在一个专门领域里出现，而且他们许多人还离开他们所属的领域去侵犯其他地盘；他们对此一无所知，当然也就不为他人所理解，因而也就引起一些人的恼

怒，一些人的愤慨和一些人的讥讽。

现在有三种人对我们正在探求的真理反对得最激烈。首先是罗马教皇，即我主耶稣基督的代理人和彼得的继承人，我们对他和对彼得的感恩是一样的，但不能跟基督相提并论。他或许是出于掌管天国钥匙的热忱，同其他基督信徒的牧师以及一些俗人完全沉浸在对教会的热爱之中，一致地否认我即将要揭示的真理，这倒不是出于傲慢，而正如我所说的，或许是出于热忱。

其次是那样一些人，他们那理性之光已被顽强的贪欲所熄灭。他们自诩为教会之子，其实是魔鬼的孽种。他们不仅对这个问题提出异议，而且出于对最神圣的帝国这一名称的仇恨，厚颜无耻地全盘否定我们提出的这个问题和前两个问题的根本原理。

此外还有第三种人叫作教令派。他们对任何神学或哲学都一窍不通，却把教令当作自己的全部论据（固然我对教令也是尊重的）来攻击神圣罗马帝国，指望这些教令能够行之有效。对此我并不感到奇怪，因为我亲耳听到他们中间的一个喋喋不休地说：教会的传统乃是信仰的基础。这样一种邪恶观念必须从世人头脑中清洗出去，因为事实上，早在形成任何教会传统之前，就有信仰圣子基督的人，至于他们认为基督是将来的、是同代人或是已经受难的救世主，倒是无关重要的。世上没有人怀疑他们寄希望于这种信仰，并在希望中孕育着热烈的爱，他们的这种热忱使他们无愧为基督的兄弟。我们只要指出《圣经》的某些部分先于教会，某些部分属于教会而另外一些部分又后于教会，就足以把所有的教令派逐出当世的竞技场外。

永远赐予世人的《旧约全书》与《新约全书》先于教会——先知就是这样说的，他把教会比作新娘，对她的新郎说："吸引我，便跟随你。"[①]理应受人拥戴的盛大的教会会议，随着教会的出现而出现。谁也不怀疑耶稣亲临这些会议，因为《马太福音》上有记载；当耶稣将要升天时他对门徒说："看啊，我永远与你们同在，直到世界的末了。"[②]随着教会的出现还产生早期基督教作家、奥古斯丁[③]和其他一些人的著作，他们蒙受圣灵指引，凡是见过或尝过他们的劳动果实的，都会承认这一点。继教会之后产生了那些称为"教令"的传统，它们具有耶稣使徒的权威，也受到了尊崇，但无疑应从属于具有根本意义的《圣经》。有些神甫持与此相反的意见而遭到基督的责备，因为他们曾向基督问道："为什么你的门徒违反了长老的传统？"——因为他们忽略了洗手的礼仪。根据马太的记载，基督回答说："为什么你们要坚持你们的传统而违背上帝的戒律？"这就明确地把传统放在从属地位。既然我们已经说明传统来自教会而不是教会来自传统，那么传统是由于教会获得其权威的。因此，那些仅仅依靠传统为根据的人必然会像我所说的那样，被人逐出竞技场外。凡是想要研究本专题的人都必须深入到教会权威的源泉中去探求真理。

我们打发掉这第三种人，现在还得打发掉那些混在主的羊群中的人，他们身披乌鸦的羽毛还自以为是白羊。他们都是些不信神的人；在他们那无耻的生涯中，竟逼着自己的母亲卖淫，赶走了

---

① 《旧约全书雅歌》第 1 章，第 4 节。——英译者

② 《新约全书马太福音》第 28 章，第 20 节。——英译者

③ 奥古斯丁（Augustine，354—430）——基督教神学家、哲学家。

兄弟，拒绝服从法纪。同他们论战简直毫无意义，因为贪欲使他们甚至无法认识基本原理。

现在场上只剩下出于对教会的热忱而否认我们所寻求的真理的那些人。我在本卷中就和他们之间进行本卷所掀起的论战，在论战中怀着孝敬的儿子对父母、对基督和教会的深深敬意，并且是出于对主和一切基督教徒的责任感从事这项工作的。

四

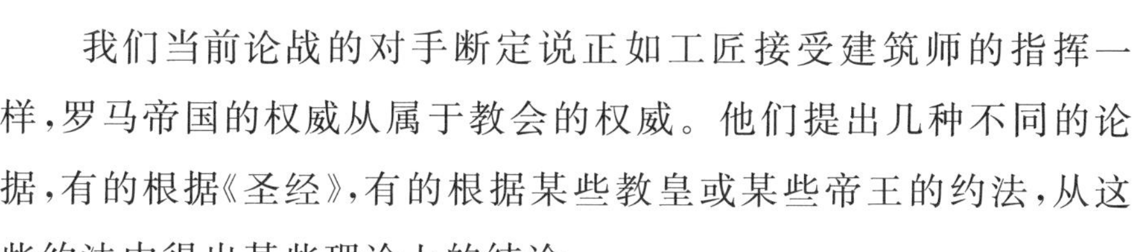
以太阳和月亮比拟现世的两种权力是不合适的，因为那样一来现世的权力就好像是从教会所具有的神权中反映出来似的。

我们当前论战的对手断定说正如工匠接受建筑师的指挥一样，罗马帝国的权威从属于教会的权威。他们提出几种不同的论据，有的根据《圣经》，有的根据某些教皇或某些帝王的约法，从这些约法中得出某些理论上的结论。

首先，他们说，根据《创世记》的记载，上帝创造了两个光体，一大一小，一个掌管白昼，一个掌管黑夜。他们说这就好比两种权力，一种是教会的权力，一种是现世的权力。然后，他们又说那小的光体——月亮，本身没有光，而只是反射太阳光，同样，现世的权力本身也没有权威而只是仰仗教会权力的权威。

为了驳倒他们的这个论点和其他论点，我们应该知道在论战中取胜的方法是暴露对方的谬误，关于这一点，先哲亚里士多德就曾在《论谬误》(*Fallacies*)一文中指出。论点的谬误可能表现在内容方面，也可能表现在形式方面，因此谬误有两类：或是提出错误的假设，或是进行错误的推理。先哲就是依据这两点反对帕米尼得斯(Parmenides)和麦利塞斯(Melissus)的，他说："他们容纳谬误，又不善于推理。"这里，我把不可靠的论点也归入"谬误"之中，因为在似乎可靠的知识问题上，它们起着谬误的作用。如果谬误是形式方面的，对它的批判就应是通过揭露它违背推理结构来否定它的结论。如果谬误是内容方面的，那是它提出了完全错误或部分错误的假设。如果一个假设完全错误，那么必有一个前提要被否定；如果是部分错误，则要加以区分。

记住这一点，我们就能更好地批驳这一类或其他的论点。我们注意到求助于神秘的解释时有两种谬误：一种是探索时不得其法，一种是歪曲原意。关于第一种谬误，奥古斯丁在《论上帝之城》(*City of God*)一书中说道："不是所有记述的东西都有意义，因为记述无意义的东西也是为了引出有意义的东西。开垄沟只用犁头，但那犁的其他部分也是必需的。"关于第二种谬误，奥古斯丁在《基督教教义》(*Christian Doctrine*)中也曾提及；他认为有些人离开作者的原意进行解释，其所犯的错误犹如一个旅客离开正路，绕了一个弯子才最终到达目的地；因此他说："应该警告这种人，离开正路的恶习会把他引入歧途和邪道。"然后他又提出一个特别重要的理由，说明为什么这样对待《圣经》的态度是危险的，他说："如果《圣经》的权威动摇，信仰就要崩溃。"对于这一点，我却要说，如果这种谬误出于无知，就应该倍加小心地给予指正并加以原谅，正如我们对待一个害怕虚无缥缈的狮子的人一样；但是，如果是明知故犯，这种曲解者就不能看作是愚人而只能看作是暴君；这种暴君不用公共规章来谋求公益，而力图歪曲这些规章的原意以达到个人的目的。啊！曲解永恒的圣灵的旨意，这种行为哪怕是出现在梦中也是最大的犯罪！这不是对摩西、大卫、约伯、马太或保罗的犯罪而是对圣灵的犯罪，因为圣灵是通过他们发出圣言的。虽然《圣经》的作者很多，但只有一个指引者，那就是上帝，他愿意借助许多作者来显现自己。

交代了这一番开场白，我现在可以回过头来批驳那种认为两个光体代表两种政体的论点，因为它完全是从推论出发的。有两种方法说明，对于《创世记》中的那一段，作出这样的解释是无法接受的。第一，政体不是人类存在的本质，而是属于其生存的偶然的、外在条件。假如上帝先创造政体而后创造人，岂不是犯了颠倒次序的过错？而把这种过错加在上帝头上则是荒谬的。根据《圣经》记载，上帝是在第四天创造两个光体而在第六天才创造人的。此外，我们要指明，既然政体的存在是为了把人引向特定目标，那么，如果人被创造时是纯洁无罪的，则政体对他们就没有用处了，因为政体一类的设置就是为了医治罪孽的恶疾的。既然人在第四天不仅不是罪人，而且其本身还根本不存在，那么，说上帝在第四天就开好了医治罪孽这一恶疾的药方，那就等于说上帝不是按照他的善心行事了。如果一个医生为一个未知的病人预制未来的脓疮的药膏，他就是一个庸医。因此，我们不能说上帝在第四天创造政体，而摩西所说的意思也不是那些人所想象的那样。

他们的谬论还可以通过揭发其内容的谬误这种比较温和的办法加以推翻，我们无须说对方是个彻头彻尾的撒谎者，只要指出他所忽略的事物之间的区别就能做到这一点。我认为，从月亮必须

吸收太阳的光辉才能发光这一事实不能得出结论说：月亮本身是依靠太阳存在的。人们必须懂得，月亮的存在是一回事，它的功能是另一回事，而功能的行使又是一回事。月亮的存在决不依赖太阳，甚至可以严格地说，它的功能及其功能的行使也不依赖太阳，因为它的行动直接来自原推动力，亦即是这后者的光辉照射在它的表面上。正如我们在月蚀时所见，月亮本身是有微弱亮光的。它为了增强自己的功能和效力才从光源充足的太阳吸取光辉。同样地，我认为，尘世权力的存在及其功能或权威，甚至严格地说，它的权力的行使，都不是得自教会权力；它所获得的却是神恩的光辉，是天上的上帝和地下的教皇的祝福使它沐浴在这神恩之中，以便它发挥得更有成效。

最后，他们的论点还有一个形式上的谬误，即是结论中的宾词与大前提中的宾词并不同一，而实际上两者应该同一。他们的论点是这样的：月亮从太阳或从教会权力吸取光辉；现世的权力就是月亮，因此现世权力是从教会的权力获得它的权威。在大前提中，月亮获得的是光辉，而在结论中获得的是权威。正如我已经说明过的那样，无论在实质上还是在含义上，这都是截然不同的两样东西。

五

利未和犹达的比拟也是不成其为理由的。

他们还从《摩西书》中找到论据，说是从雅各怀中生出了这两种权力的象征，一名利未，一名犹达，前者是教士之父，后者是尘世权力之父。他们由此推理说：利未与犹达之间形成的关系，也就是教会与罗马帝国之间所形成的关系；按照《圣经》的记载，利未比犹达年长，因此教会的权威也高于罗马帝国。这种说法是很容易驳倒的。他们说雅各的儿子利未与犹达代表两种权力，我能轻而易举地否定他们的象征性，并且持有充分的理由。他们说："既然利未年长，教会就有更高的权威。"我能指出结论中的宾词与中名词不是同一的，因为"权威"与"年龄"无论是在实质上还是在道理上都是不同的东西，这样就犯了一个形式方面的错误。他们的论点是这样的：在丙方面甲先于乙，而丁和戊的关系相当于甲和乙的关系，因此在己方面丁也先于戊。问题是己和丙是两回事。如果他们坚持说己来自丙，即是说权威来自年龄，年龄是逻辑的前提，一如动物之先于人，那我还要说这是谬误。事实上，有许多人在年龄方面是长者，而在权威方面非但不是长者，甚至还要服从年少的人；譬如有的主教就比自己下面年迈的主祭神甫要年轻。因此他们的论点显然是错误的，他们把不是因果关系的事物当作是因果关系。

六

同样地，撒母耳和扫罗的比拟也不成其为理由。

他们还从《旧约全书列王纪上》举出对扫罗的推举与废黜的例子，说扫罗是由撒母耳封为王而又由撒母耳罢免的，而且书中还讲得很清楚，撒母耳是上帝的代理人。根据这个事实，他们推理说，正如上帝授权撒母耳让他任免和移交尘世的权力，上帝至今仍把这种权力授予他的代理人，因此一统的教会的首脑就有权任免和移交尘世的权柄。毫无疑问，由此可以得出他们所断言的那个结论，即帝国的权力依赖于教会。

为了反驳他们关于撒母耳是上帝的代理人的断言，我们要说，他不是作为上帝的代理人行事，而是作为执行上帝特殊使命的一个使者。这一点是清楚的，因为他的所言所行完全依照上帝的吩咐。在代理人与使者之间加以区别是必要的，正如一个导师与一个解说者之间是有区别的。因为代理人有权在自己管辖的范围内立法和执法，而他的上司则无须事事过问。但是，使者就不能做到这一点，正如锤子的动作完全由木匠操纵，使者只能按照委派者的命令行事。因此，不能得出结论说，凡是上帝的特命使者所能做的，代理人也能做。因为上帝过去、现在和将来都是通过天使去做许多事，而这些事是他的代理人，即彼得的继承人所不能做的。这样，他们那种从整体推断局部的方法是错误的，就像是说："人有听觉、视觉，因此眼睛就有听觉、视觉"，这是站不住脚的；但反过来就站得住脚了："人不会飞，因此他的手臂也不会飞。"同样，用阿加颂①的一个比喻来说，上帝不能通过他的使者把曾经发生的事情变成未曾发生的，因此，上帝的代理人也不能做到达一点。

① 阿加颂(Agathon，公元前？—前401?)——古希腊悲剧诗人。

七

由上帝执掌的天国和尘世的大权是不能转授给他的代理人的。

他们还援引了《马太福音》(第二章,第十一节)。马太叙述了三位贤人向基督献黄金和乳香,他们据此推断基督是精神财富和物质财富的主宰,并由此得出结论说,基督既是上帝又是君主,拥有两方面的权力。我的回答是,我承认马太的话的本来意思,而不承认他们的引申。他们是这样推理的:上帝是教会事务和世俗事务的主宰,而教皇是上帝的代理人,因此教皇是教会事务和世俗事务的主宰。这里的两个前提都是对的,但依据四个名词得出结论,这从三段论法来看是不能成立的。按照三段论推理的一般原则,这种错误非常明显。因为大前提里的"上帝"不能跟小前提中的宾词"上帝的代理人"等同。硬说他们等同是徒劳的。不管是神的还是人的代理人都不能跟他的权力的本源等同起来,这是显而易见的。我们都知道在自然变化中,彼得的继承人的权力是不能跟神的威力相提并论的;他不能凭借赋予他的权力命令大地隆起或天火下降。要让上帝把世间万事都委托给他,那也是不可能的,例如造物或洗礼的权力就不能委托。这是显而易见的,尽管《名言四书》(*Sentences*)[①]第四书的论述与此相反。我们都知道,既然是作为一个人的代理人,他就不能同他代理的人相提并论,因为不属于

① 早期基督教作家的言论集。

自己所有的东西是不能委托他人的。一个政体行使政体的权力，但是这种权力不是由它自己产生的，因为任何政体都不能自我授权。它能够接受或放弃自己的权力，但是它不能创立另一个政体，因为这种创立行为不是属于政体的行为。如果是这样，那么任何君主显然都不能设立一个在一切方面与自己等同的代理人。因此，他们的论点没有说服力。

八

基督把联结和解除之权授予彼得，但在尘世的司法方面这个权并不适用。

他们还援引《圣经》上基督对彼得说的话："凡你在地上所联结的，在天上也要联结，凡你在地上所解除的，在天上也要解除。"①他们也承认，根据《马太福音》和《约翰福音》的记载，基督对所有的门徒都说过这样的话。但他们认为，根据上帝的特许，彼得的继承者可以联结一切或解除一切，并由此推断说，彼得的继承者可以解除帝国的法律与法令，并用自己的法律与法令来约束尘世的权力；而根据这一权力，他们又推断出一系列后果。

我批驳这一论点的方法是把这个三段论中大词的两种使用法加以区分。他们的三段论是这样的：

彼得可以联结一切或解除一切，

① 《新约全书马太福音》第16章，第19节。——英译者

彼得能做到的彼得的继承者也能做到，

因此，彼得的继承者可以联结或解除一切。

他们由此推断说，他可以解除或约束帝国的权威和法令。小前提我是认可的，但大前提不能没有限制。因为我必须说明，“凡”所意味着的这个具有普遍含义的词“一切”，只包括与一定的命题相关联的一切。如果我说“一切的动物都会跑”，这个“一切”包括所有的动物；如果我说“一切人都会跑”，这个“一切”只包括人；而当我说“一切文法家”，这个“一切”的含义就更窄了。所以，我们始终要注意这个“一切”在一定的命题中是指哪一类的东西。只要弄清它所指的对象的性质与范围，我们就能立刻说出它包括些什么。这样，当《圣经》说到“凡你所联结的”，如果这个“凡”的含义是绝对的，那么他们的论点就是正确的；教皇不仅能做到他们所说的一切，甚至还可以解除一个有夫之妇的婚约，并在她第一个丈夫还活着的时候让她和第二个人联结成姻，而这是不可能的；或者，他可以在我还没有忏悔时就赦我的罪，而这个就连上帝也做不到。因此，显而易见“凡”的含义不能绝对化而必须同特定的某类东西相联系。同基督授权有关的是哪一类东西，《圣经》是说得够清楚的。因为基督对彼得说：“我要把天国的钥匙给你。”那就是说，“我要你成为天国的守门者。”下面才提到“凡”那句，也就是说，“与那职守有关的一切你可以联结或解除。”这样我们也就明白，具有普遍含义的“凡”在这里根据上下文必然是指掌管天国钥匙的权力。在这个意义上，上述的大前提是对的，但显然不能作绝对的解释。因此，我坚决认为，虽然彼得的继承人在履行当初委托给彼得的职守时可以联结或解除，但不应得出结论说：他因此就像他们断言的那

样能够解除或制定帝国的法律与法令，除非能证明那样做跟掌管天国钥匙的权力有关；而我将在下面[第十四章]证明结论恰恰与此相反。

九

体现世俗权力和神圣权力的“两把刀”并不掌握在教会之手。

他们还援引了《路加福音》，其中提到彼得对基督说：“主啊，请看，这里有两把刀。”[①]他们断言这两把刀指的是上述两类的统治权，按照彼得的说法，他在哪里，权力也在哪里，也就是说，权在他手里。他们由此推断说，这两类统治权的权力属于彼得的继承人。我们反对这种断言，不承认他们对经文含义的解释是正确的。我们断然否认他们提出的关于彼得用两把刀比作两类统治权的说法，这一方面因为这样的解释不符合基督所说的意思，另一方面也因为彼得一向是遇到明显的意思便不加思索就答的。

如果我们根据上下文考察一下前面说了些什么以及为什么要这样说，那就更加清楚了，因为针对基督的话，他们所说的那种意思并不是一个明确的回答。我们必须记住，这段对话发生在最后晚餐的那一天，因为路加在前面的章节里说道：“除酵节来了，这一天应该屠宰逾越的羊羔。”[②]这次晚餐，基督就已暗示他即将受难，

① 《新约全书路加福音》第22章，第38节。——英译者

② 同上第7节。——英译者

从此要跟门徒分手。我们还必须记住这次谈话所有十二个门徒都在场，因为就在上面所引的那一节之后，路加说道："时候到了，耶稣坐席，十二门徒也和他同坐。"[①]接着他又说道："我差你们出去的时候，没有钱囊，没有口袋，没有鞋，你们缺少什么没有？"他们说："没有。"耶稣说："但如今有钱囊的可以带着，有口袋的也可以带着，而没有刀的要卖衣服买刀。"[②]在这里，基督的意思是很清楚的，因为他并没有说"如果没有刀就去买两把"，他是说"买十二把"，因为他对每个人说"如果你没有刀就买一把"，这样每人都有一把刀。他说这番话是告诫他们要警觉即将到来的迫害与诽谤；这好像是说："我与你们相处的时候，你们受到招待，而现在你们将要被人驱逐；考虑到你们今后的需要，即使过去为我禁用的东西，现在你们也要用它们把自己装备起来。"如果彼得对这番话的回答是他们所说的那种意思，那么彼得就是没有注意到基督的原意。如果真是那样，基督就会责备他，像他每次出言不当基督都要责备他一样。然而这一次，基督并没有责备他，而是允诺说："够了"；这好像是说："我是根据你们的需要说的，既然不能做到每人一把刀，那么有这两把也够了。"

关于彼得的回答是针对那明显的意思这一点，我们可以从他那不加思索和心直口快的鲁莽态度来加以证明；他之所以具有这种鲁莽态度，那不仅是由于他信仰真诚，而且，据我看来，也是由于天性纯朴之故。所有的《福音书》的作者都证实彼得确实具有这种

① 《新约全书路加福音》第 22 章，第 14 节。——英译者

② 同上第 35—36 节。——英译者

鲁莽的态度。《马太福音》写道，有一次耶稣问他的门徒：“你们说我是谁？”彼得第一个抢着说：“你是基督，是永生上帝的儿子。”①《马太福音》接着写道：基督告诉他的门徒说他必须上耶路撒冷去受许多苦难，彼得就打断基督的话，上前劝阻说：“主啊，万不可如此，这事必不临到你身上。”耶稣转过来，责备彼得说：“撒旦，退到我后边去吧。”②《马太福音》还写道，有一次，在变形山上，彼得同柴比第的两个儿子③迎面看见耶稣、摩西和以利亚，彼得就对耶稣说：“主啊，我们在这里真好。你若愿意，我就在这里搭三座棚，一座为你，一座为摩西，一座为以利亚。”④又有一次，《马太福音》写道，在一个夜晚，门徒都在船上，耶稣从海面上向他们走去，彼得就说：“主啊，如果是你，请叫我从水面上走到你那里去。”⑤《马太福音》又写道，基督对他的门徒预言说，他们要为他的缘故而跌倒，彼得就说：“众人虽然为你的缘故跌倒，我却永不跌倒。”⑥紧接着彼得又说：“我就是必须和你同死，也总不能不认你。”⑦《马可福音》也叙述了这个故事［第十四章，第二十九节］。《路加福音》也作了补充说，就在关于两把刀的谈话不久以前，彼得对基督说：“主啊，我就是同你下监，同你受死，也是甘心。”⑧《约翰福音》还讲到，有

① 《新约全书马太福音》第 16 章，第 15—16 节。——英译者
② 《新约全书马太福音》第 16 章，第 22—23 节。——英译者
③ 指使徒雅各和约翰。
④ 《新约全书马太福音》第 17 章，第 4 节。——英译者
⑤ 同上第 14 章，第 28 节。——英译者
⑥ 同上第 26 章，第 33 节。——英译者
⑦ 同上第 35 节。——英译者
⑧ 《新约全书路加福音》第 22 章，第 33 节。——英译者

一次基督要洗彼得的脚，彼得对他说："主啊，你要洗我的脚么？"然后又说："你永不可洗我的脚。"[①]约翰讲到（所有四位《福音书》的作者都这样讲），彼得如何把大祭司的仆人砍了一刀。[②] 约翰还说，彼得看到其他门徒在耶稣坟墓的入口踌躇不前，他便径直进去了。

《约翰福音》还记述，耶稣复活在海岸上显现的时候，彼得原先赤着身子在船上，一听说是主，他就披上他的斗篷，跳到海里。[③]最后他写道，彼得看见约翰便问耶稣："主啊，这人将来如何？"[④]我们罗列了以上这些情节来赞美彼得那真纯的性格还是很值得的，因为这些情节表明他说到那两把刀的时候是抓住了基督原话的明显的意思的。

但是，在做了以上说明之后，如果一定要对基督和彼得的那段话做象征性的解释，那也肯定不能像他们按教令派理论所解释的那样，而应联系马太写到关于刀的那段话来理解："你们不要以为我来是叫地上太平：我来并不是叫地上太平，而是叫地上动刀兵。因为我来是叫人与父亲不睦。"[⑤]耶稣这话说得正确，也符合事实，用路加对提阿非罗的话来说，这正是"耶稣开头所行和所教训的"[⑥]。这就是耶稣劝告要买而彼得说这里已经有了的两把刀。正如我们已经阐明的，他们在言和行上都准备照着上述耶稣来到

① 《新约全书约翰福音》第 13 章，第 6—8 节。——英译者
② 同上第 18 章，第 10 节。
③ 《新约全书约翰福音》第 21 章，第 7 节。
④ 同上第 21 节。
⑤ 《新约全书马太福音》第 10 章，第 34—35 节。——英译者
⑥ 《新约全书使徒行传》第 1 章，第 1 节。——英译者

世上所要做的去做。

十

即使康斯坦丁大帝把王权赠与教会，他还是无权这样做。

有人还提出另一种论据，说康斯坦丁大帝多亏当时的教皇西尔维斯特(Sylvester)为他祷告才治愈了他的麻风病，于是他把帝国宝座所在地罗马城以及帝国的其他许多权柄一并捐赠教会；他们由此推断说，从那以后，这些权柄的所有权属于教会，人们必须通过教会才能享有这些权柄；他们并由此得出符合他们心愿的结论：帝国从此依赖于教会。在此，我们有义务介绍和批驳这些论点；这些论点不像我们前面考察过的那些以神启为依据，而是以罗马史实和人类理性为依据。

我们上面提到他们的第一个论点，可用以下这个三段论公式表达：除非得到教会的许可，谁也无权掌管教会的财产(而教会的权则是天授的)；罗马帝国政权属教会所有；因此，除非得到教会的许可，谁也无权掌握它。如前所述，这个小前提以康斯坦丁的捐赠为依据的。我现在要否定的也就是这个小前提。我将证明他们的论据是不足为凭的，因为康斯坦丁不能把帝国送出而教会也不能加以接受。如果他们顽固地坚持相反意见，我可以对我的论点作如下证明：谁都无权做出违反自己职权的事，否则一个事物就可以既是自己又是自己的对立面，而这是不可能的。因此，任何帝王都无权分割帝国，因为正像我们在第一卷中指出的，他的职务就是要使全人类服从一个统一的是非观。因此，不能允许一个帝王去分割帝国。如果像他们主张的那样，康斯坦丁把帝国的某些权柄割让给教会，那就等于是撕裂无缝天衣，而这种事情就连刺伤真主基督的人也是不敢做的。

此外，如果教会有自己的根基，则帝国也同样有。教会的根基就是基督；因此，圣徒对哥林多人说："那已经立好的根基，就是耶稣基督，此外没有人能立别的根基。"①他就是教会建立于其上的基石，而帝国的基石则是人权。因此，我认为，如果教会无权离开自己的根基而必须永远以之为基础，正如《雅歌》中唱道："这是谁哟？她依傍着情人，满怀喜悦，从旷野里向前走来。"②那么，同样，帝国也不能做任何违反人权的事。帝国毁灭自己也是一种违反人权的行为，因此帝国无权毁灭自己。显而易见，如果帝国按其本质是独一无二的世界统治权，那么分割它就是毁灭它，因此任何握有帝国权柄的人都无权分割帝国。以上说明了毁灭帝国是违反人权的。

此外，司法权先于行使该权力的法官，因为法官就是为了执行司法权才委任的而不是相反。帝国应是体现所有的尘世司法权的一种司法权。因此，它先于法官，亦即先于帝王，因为帝王是为了执行这一司法权才委派的，而不是相反。因此显而易见，帝王不能改变帝国，因为没有帝国，帝王就不成其为帝王了。所以我的论点是：当康斯坦丁向教会进行所谓的捐赠时，他要么是帝王，要么不

① 《新约全书哥林多前书》第 3 章，第 11 节。——英译者

② 《旧约全书雅歌》第 8 章，第 5 节。——英译者

是。如果他不是，他显然不能把帝国赠送他人。如果他是，他由于这个身份就不能做这样的事，因为那样做就限制了自己的司法权。此外，如果一个帝王可以割让哪怕是一小部分帝国的司法权，那么另一个帝王同样有理由可以这样做。一切尘世的司法权都是有限的，因而任何有限的量都可以由有限的减法所消除，于是固有的司法权就可能化为乌有，这当然是荒唐的。

此外，按照先哲亚里士多德在《伦理学》第四卷中所说，送礼者与受礼者的关系好比是作用者与承受者的关系。如果送礼正当有效，则送礼者和受礼者都必须配合默契，因为虽然行为是作用者作出的，它却表现在它所作用的对象及其条件之中。教会则根本不宜于接受尘世的权力。马太对教会下达了明确的禁令："你们的腰带里不要装金银铜钱；行路也不要带口袋。"[①]虽然在《路加福音》中这道禁令略有放宽，但我从未发现在禁令下达之后仍然允许教会拥有金银。由此可见，纵然康斯坦丁可能向教会送礼，但教会无权受礼，那么这送礼本身由于缺乏适当的受礼者也就不能生效。因此，很明显，教会不能成为这项捐赠的合法占有者，而帝王因为无权转让他的占有物，也就不是一个合法的捐赠者。当然，帝王可以把他的某些领地和特权委托教会保管，但他的至高统治权则必须完整无损，因为这是不可割让的。上帝的代理人可以接受这些委托，但其身份不是一个合法的占有者，而是教会的代表，因为教会可以向穷人布施财富，使徒们也是这样做的。

① 《新约全书马太福音》第 10 章，第 9—10 节。

十一

篡权并不能产生权力。

此外，他们还断言，教皇海德里安（Hadrian）在教会和他本人受到德西迪留斯（Desiderius）王领导下的伦巴第人（Lombards）的侵犯时，曾召唤查理大帝（Charlemagne）前来相助；他们还声称，虽然当时统治君士坦丁堡的是迈克尔（Michael），查理大帝却是从海德里安教皇手里接受王权和王冠的。他们凭这一点断言此后的一切罗马皇帝不仅奉召帮助教会，而且是奉教会之召帮助教会的。这就是他们企图证明的那种从属关系。

为了批驳这一点，我要说，他们简直是胡言乱语，因为篡权不是授权。如果说是，那我们也还是可以说教皇的职权来自帝王，因为正是奥托（Otto）大帝一手扶植利奥（Leo）教皇，废黜贝奈狄克（Benedict）教皇并把他放逐到萨克森（Saxony）的。

十二

教皇与帝王的权力是两种不同性质的权力，所以不能由一人来体现。

现在再来看看那些理性的论点。他们把《形而上学》第十卷中的一个命题作为他们的首要原理，这个命题是：凡属同一种类之物，可分解为形成该类物之典范的那一分子。于是他们说，一切人都属于同一种类，因此应分解出一个最有代表性或最典范的人；那么，既然教皇与皇帝二者都同为人，他们之间必须分解出一个；又既然教皇是不能分解掉的，他们就得出一个结论说：帝王和其他一切人都必须分解掉而以教皇作为人类之典范与标准，由此他们得出那个称心如意的结论。

在批驳这一论点的同时，我同意他们说的凡属同一种类之物，可分解为形成该类物之典范的一分子；我也同意他们说的一切人都属于同一种类，同意他们由此得出的正确结论说：一切人能够分解出一个作为人类典范的人。但是，他们把这一论点运用到教皇和帝王身上则全属**偶然**。须知道，作为人是一回事，作为教皇是另一回事，而作为帝王又是一回事，正如一个做仆人的、做父亲的或做主子的，是性质不同的人。人之所以成其为人全凭他的实体形式（或主要特征）；凭着这一形式，人才分出不同的类别；同样是凭着这一形式，人才具有实体。但是，一个做父亲的之所以成其为父亲，则要看他跟同类中其他人的关系，这种关系使父亲成为某一类人。这里划分的标准，不是看人本身而是看另外一种特性或关系。否则，一切相互区别的关系都要成为实体，然而任何一种关系本身都不是实体而只是实体之间假定存在的纽带。但是这样一种归化（把一切关系都化为实体）却是荒谬的。教皇之所以为教皇和帝王之所以为帝王，都凭借其特殊的关系，即凭借教皇制与帝制，这些关系本身又与其它关系相关联，如教皇制与父权相关联，帝制与领主权相关联。由此可见，教皇和帝王这二者显然是属于两个

不同的类属，各自可分解出本类的典范。因此，我认为他们作为人的典范不同于作为教皇与帝王的典范。作为人，他们属于最优秀的人一类，好比是其他一切人的标准或理想，他在最大限度上体现为人中之人。这一点在《伦理学》的最后几卷中已经阐明。但是只要他们存在而且相互关联——这一点是很显然的，他们就必须分解出一个来，或者通过一个从属另一个的方式或者是通过某个第三种因素作为他们之间的"公分母"。但是，我们不能说这二者之间一方从属于另一方，因为把一方的特性应用于另一方就会成为谬误。我们不能说帝王即是教皇，反过来也是一样。这二者也不能说是同一类属，因为作为教皇和作为帝王各有各自的根据。因此，他们只能通过第三种关系结合在一起。如果我们记住事物有各自的关系，又有相互间的关系，而教皇制和帝制这些关系是属于高级的关系，那么我们就能明白教皇和帝王究竟哪一点上属于同一类，因为他们都是位于他人之上的人，而且他们所有的其它特点都必须视作与此并不相干。至于这个位于他人之上的特点则是他们在凌驾万物的上帝之下所共同具有的；如果不是在上帝之下，那就是在某种实体之下，这种实体低于上帝，但在它的特殊存在之中又包含作为居于高位者所必备的一切特殊存在形式。这就清楚地说明，教皇和帝王作为人是按照一种方式进行分解，而作为皇帝和帝王则是按照相当不同的另一种方式进行分解。关于他们诉诸理性的论点我们就说这么多。

十三

从历史上说，罗马帝国不仅先于教会，而且也不受教会的约束。

那些鼓吹罗马帝国的统治权取决于罗马教皇的权力的人，自以为他们的论点最有力；现在我们对他们这些错误作了披露和反驳之后，就必须更加主动地阐明我在本卷开头提出讨论的第三个问题的真正答案。只要我们说明：根据我们讨论前确立的原理，所争论的权力乃是直接来自至高无上的上帝，那么，这个问题的真正答案是十分明白的。关于这一点可以从两个方面加以证明：或者是把有关教会的权力这一点排除出这个问题，因为无人坚决主张还有其他的源泉；或者是明确地证明上帝是帝国权力的直接源泉。关于教会不是帝国权力的源泉这一点可以证明如下：如果某物不存在或不起作用并不影响另一物的正常活动，那么，此物就不是那另一物的根源；教会不存在或不起作用并不影响帝国的正常活动；因此，教会就不是帝国力量的根源，也不是其权力的根源，因为力量跟权力是一回事。假设甲代表教会，乙代表帝国，丙则代表帝国的力量或权力。如果在缺乏甲的情况下，丙仍然存在于乙之中，那么甲就不可能是丙存在于乙之中的原因，因为结果不能先于它的原因而产生。或者，如果在甲不活动的情况下，丙仍然存在于乙之中，那就必然会得出这样一个结论：甲并不是丙存在于乙之中的原因，因为结果不可能先于其原因而起作用，尤其是不能先于其直接生效的原因，而我们目前考察就是这种原因。以上我们通过对字

义的分析就证实了我们的大前提。

小前提可以通过基督与教会本身加以证实。有基督的生与死为证，这一点我们在前面已经加以说明；也有教会为证，一如保罗对非斯都所说："我站在该撒的堂前，这就是我应当受审的地方。"①稍后，上帝又派天使对保罗说："保罗，不要害怕，你必须被带到该撒堂前。"②后来，保罗又对居住在意大利的犹太人说："无奈犹太人不服，我不得已，只好上告于该撒。并非有什么事要控告我本国的百姓，而是要从死亡中抢救出我的灵魂。"③如果罗马皇帝在世俗事务上没有司法权，基督就不会维护他的权力，天使也不会说那样的话，而说过"情愿离世与基督同在"④的保罗，也不会向一个没有司法权的法官提出上诉。如果康斯坦丁大帝对教会的财产不是拥有主权，他当时就无权让帝国给教会进行人们所想象的那种捐赠，而教会接受这种捐赠也是不正当的，因为上帝规定凡是献给他的东西必须是纯净的，像《利未记》就提到："凡是献给主的祭品都不能发酵。"⑤这固然是对献祭者的告诫，却也适用于受祭者。如果设想上帝对献祭者所禁止的祭品却允许受祭者接受，那未免荒唐。在同书中他还明确地对利未人说："不要玷污你们的灵魂，也不要摸他们的东西，以免你们不洁。"⑥如果说教会没有资格享有已经给了它的东西，这是十分不适当的，因此导致这种结论的

① 《新约全书使徒行传》第 25 章，第 10 节。——英译者

② 同上第 27 章，第 24 节。——英译者

③ 同上第 28 章，第 19 节。——英译者

④ 《新约全书腓立比书》第 1 章，第 23 节。——英译者

⑤ 《旧约全书利未记》第 2 章，第 11 节。——英译者

⑥ 参阅《利未记》。

命题必定是错误的。

十四

教会不可能被授予向尘世政体授权的权力。

如果真像这个命题所说，教会能向罗马政体授权，那么教会就必然持有这种权力，而这种权力或者得自上帝，或者来自教会本身，或者来自某个帝王，或者得到一切人的公认——至少是大多数人的公认；除此以外，教会的这种权力就再也没有其他来源了。但是，教会并没有从以上来源获得这种权力，因此它并不持有这种权力。

教会没有从上述来源获得权力这一点，可以证明如下：如果教会从上帝那里获得这种权力，那只能是通过神圣的或自然的法则（因为来自大自然的也就是来自上帝，而这当然不能反过来说）。但是，教会并未从自然法则中获得这种权力，因为自然法则只能管自然现象；同时，无所不有的上帝在他无须使用辅助力量的时候也不会造出有缺陷的东西。既然教会不是自然界的产物而是凭上帝之命诞生的（如同基督说的："我要在这个基石上建立我的教堂"；又如："我已完成了你交给我的工作"），所以自然界显然不会向教会颁布法则。我们在圣典里也找不到适当的根据；因为全部圣典都包括在《旧约》与《新约》两书中而我从中就找不到一条指示，证明对古代或现代的教士赋予了管理世俗事务的职能。相反地我却看到了：根据上帝对摩西的命令，古代的教士显然摆脱了这些事务；而根据基督对其门徒的命令，现代的教士也是如此。如果尘世的权力来自教会，上帝就不可能做出如上的安排，因为授权本身至少包含过问其行使情况和不断防备受权者偏离正道的意思。

教会没有从本身获得这种权力，这一点是很明显的。谁也不能提供自己没有的东西；因此，正如《形而上学》第一卷中所指出的：任何行为者的行动必须表明他本身与他行动的目标是一致的。很显然，教会原先并不具有那一权力，如果教会给予自己那一权力，那就等于他给予自己他本身并不具有的东西，这当然是讲不通的。

同样地，教会不曾从任何帝王那里获得这种权力，这在前面已经作了充分说明了。

教会也不曾由于一切人或大多数人的公认而获得这个权力，因为不仅所有的亚洲人、非洲人，甚至大部分的欧洲人都不会加以公认，所以，对于这一点谁还会提出怀疑呢？

事情既然是这样明白，还要予以论证，那实在令人讨厌！

十五

教会的形式体现在基督的一生中。

凡是违反一物的本性的东西，就不是此物的机能，因为一物的机能总是符合此物的本性，并促成此物的目的。向管理世俗事务的政体授权这一职能是违反教会本性的。所以，这一职能不是教会的职能。作为小前提的论据，我们须知道，就教会而言，它的本质即是它的形式。一物的性质既可归之于内容,也可归之于形式,但根据《物理学》所指出的,归之于形式更为适当。教会的形式不是别的,正是基督一生的言行。对于教会的积极分子,特别是对于教会的牧师,其中又特别是主要牧师(因为他们的职守就是放牧羊群),基督的一生正是他们的理想和模范。根据《约翰福音》记载,基督本人在把他的生活方式传授给我们时说:"我给你们作了榜样,你们就照着我向你们所做的去做。"①当他委任彼得以牧师的职守后,他特别指出:"彼得,你要跟随我。"②而另一方面,基督在彼拉多面前放弃尘世的权力时说:"我的国不属这世界。我的国若属这世界,我的臣仆必要争战,使我不至于被交给犹太人。只是我的国不属这世界。"③这段话不能解释成似乎基督不是这个世界的神主,《诗篇》作者说得对:"海洋是他造,海洋属于他";这段话的解释应该成为教会的榜样,因为教会是不参与尘世的统治的。譬如一枚金印对自己说:"我根本不是一种度量。"它不是作为金子说这话的,因为金子确是一切金属的度量;它是作为能在其他东西上盖印的印章说这话的。

因此,教会的这一形式要求它必须说话符合本意。如果说的是一回事,指的又是一回事,这显然违反教会的形式,因而也就违反教会的性质,因为二者是同一的。从以上命题,我们可以得结论说:行使任命政体的权力是违反教会的性质的。如果在意见或言语中存在矛盾,它却是由人人都认为是对的或人人都谈论的事物

① 《新约全书约翰福音》第13章,第15节。——英译者
② 同上第21章,第22节。——英译者
③ 同上第18章,第36节。——英译者

的矛盾中产生的，这好比是真理和谬误不是来自雄辩而是来自人人都谈论的事物那样（这一点见《论范畴》[①]中对判断原则的论述）。

以上论断足以证明教会方面声称帝国的权力有赖于它是错误的，哪怕是声称在最微小程度上有赖于它也是错误的。

十六

只有上帝才能统治人类，以达到其双重目的，并为每一目的选择统治者。

尽管我们在上一章通过揭示反对命题的错误含意，证明帝国的权威不能来自教皇的权威，但我们也还没有从正面证明这一权威直接来自上帝。对于反对命题的揭示意味着，帝国的权威既然不取决于上帝的代理人，那就是取决于上帝自己。但为了给我们的命题提出一个完整的论证，我们必须证明：帝王或世界政体是直接从宇宙的统治者即上帝那里获得它的权力的。

我们对这一真理的认识是有事实根据的，那就是在万物之中，唯有人类是处于可朽与不朽之间。因此，许多哲人恰当地把人类比作处于两个半球之间的地平线。人有两个主要部分，亦即灵魂与肉体；从肉体这部分来说，他是可朽的；从灵魂这部分来说，他是不朽的。关于灵魂不朽这一点，先哲亚里士多德说得很好："既然

① 《论范畴》(*On the Categories*)系亚里士多德所著。

灵魂是永恒的，那么单凭这一点，人就不同于可毁灭的东西。”因此，既然人类是处于可朽与不朽之间的一个中介，那么他像所有的中介一样，具有两种极端的性质。而任何性质的存在都是为着追求它固有的最终目的，因此人类的存在就有双重目的。既然在万物之中只有人类同时具有可朽与不朽的性质，那么在万物之中只有人类同时属于两个极端——一个是他作为可朽之物的目的，另一个是他作为不朽之物的目的。

因此，正确无误的神明为人类安排的目的具有两重性：其一是尘世的幸福，它体现为人类能够发挥其本身的能力这一点，同时，它也可以由尘世的“乐园”来作为象征；共二是永生的幸福，它体现为能够看到上帝，而这靠人类自己的能力是达不到的，非有神启相助不可；这种幸福境界是由天上的“乐园”来表现的。这两种幸福好像是两个目标，人类必须通过不同的途径才能达到。我们要达到第一个目标，就必须遵循哲人的教导，而且要按照我们的德性和智力去加以应用；我们要达到第二个目标，就必须遵循超越人类理性的神的教导，而且也要按照我们的宗教能力、信仰、希望和仁爱去加以应用。这两个目标和达到的途径已经清晰地展现在我们眼前，其一是靠人类理性，哲人运用它使我们明了这些事理；其二是靠圣灵，他通过先知，通过圣书作者，通过与圣灵一体的圣子耶稣基督以及通过他的门徒把我们必需的神圣真理显示给我们。但是，人类的贪欲仍然会蒙蔽我们的双眼，人类就像脱缰之马，不得不用缰绳和嚼子勒住它，使它走上正道。人类的缰绳是由一对骑手按照人类的双重目的来掌握的。其一是教皇，他用神启引导人类

走向永生的幸福;其二是帝王,他用哲理引导人类走向尘世的幸福。然而,如果不平息贪欲的纷争,让自由的人类享有和平宁静,那就不会有人或者只有极少数人能艰难地达到这一目的,因此,这必须成为指导全球的罗马帝王的奋斗目标,让人类在这尘世生活的磨炼中获得自由与和平。

因为我们这个地球的状况是取决于天体运转的内在秩序的,所以我们需要有一个主管人,他对整个天体的状况一目了然,能够按照不同的时间与地点,提供有关自由与和平的有益教导;同时,唯有他深谋远虑,考虑周详,使万物按照他的预定计划来安排。既然如此,那么就只有上帝才能选帝,只有他才能建立政体,因为他是至高无上的。由此还可以得出另一个结论,即现在和过去把一些人称为“选帝侯”是名不符实的,应该把他们称为神意的传达者。有时,那些有资格宣布神意的人之间意见分歧;这是因为他们之中有些人甚至所有的人都被贪欲的迷雾挡住了视线,以致看不到神意的指派。

现在很清楚,尘世的世界帝国的权威无须通过任何媒介直接来自宇宙的权威之源;这纯洁的源泉虽说是发自一个单一的源头,却洋溢着至美至善而分布为许多支流。看来,我已经达到了我们的目的地。因为我们所考察的基本问题的真理现在已经揭示出来,这些基本问题是,为了给尘世带来幸福,是否有必要建立一个一统的政体;罗马人是否有资格掌握帝国的权力;最后,世界帝国的权威是直接来自上帝还是有赖于其他。当然,关于这最后一个问题的答案不能死板地解释成为罗马政体根本不必服从罗马教皇,因为在某些方面我们尘世的幸福服从于我们永生幸福。因此,恺撒之敬重彼得，犹如长子之敬重父亲。这样，有了慈父般恩典，这一政体的光辉可以更加明亮地普照全球大地，而它就在大地上直接依靠上帝进行统治，因为上帝是天上人间万事万物的统治者。

图书在版编目(CIP)数据

论世界帝国/(意)但丁著;朱虹译.—北京:商务印书馆,2017
(汉译世界学术名著丛书:120年纪念版:珍藏本)
ISBN 978-7-100-14449-0

Ⅰ.①论… Ⅱ.①但… ②朱… Ⅲ.①政治理论—意大利—中世纪 Ⅳ.①D095.463

中国版本图书馆CIP数据核字(2017)第154797号

汉译世界学术名著丛书
(120年纪念版·珍藏本)
论 世 界 帝 国
〔意〕但 丁 著
朱 虹 译

商 务 印 书 馆 出 版
(北京王府井大街36号 邮政编码100710)
商 务 印 书 馆 发 行
北京新华印刷有限公司印刷
ISBN 978-7-100-14449-0

2017年12月第1版 开本710×1000 1/16
2017年12月北京第1次印刷 印张6¾
定价:35.00元